REVUE SCIENTIFIQUE

(REVUE ROSE)

Directeur-Administrateur :
Félix Dumoulin

Directeur de la Rédaction :
Dr Toulouse

NUMÉRO 22   5ᵉ Série — Tome IV   25 NOVEMBRE 1905

DÉMOGRAPHIE

État Sanitaire et démographie comparés des Villes de Paris et de Berlin (1)

PAR

Le Dr Lowenthal,
Membre de la Commission extra-parlementaire
de la Dépopulation.

> « La statistique veut des parallèles :
> elle en vit ». (D'Ivernois).

L'état sanitaire d'une collectivité se manifeste d'une part dans la morbidité, d'autre part dans la mortalité et est déterminé par les quatre facteurs principaux suivants se complétant les uns les autres :

1° *Mortalité générale* ou proportionnelle : sur 1000 individus de tout âge composant la collectivité combien de décès dans un laps de temps de... en un an par exemple ?

2° *Mortalité-maladies* : sur 1000 individus de tout âge combien de décès en un an par chacune des maladies classées ?

3° *Morbidité générale* : sur 1000 individus de tout âge combien de malades en un an ?

4° *Morbidité-maladies* : sur 1000 individus de tout âge combien de malades en un an par chacune des maladies classées ?

---

(1) Consulter : pour Paris *l'Annuaire statistique de la Ville de Paris* années correspondantes ; pour Berlin : *Statistisches Jahrbuch der Stadt Berlin*, années correspondantes ; *die Berliner Volkszaehlung von 1900* (2 volumes) ; *die Grundstücks-Aufnahme, ende october 1900.*

Exception faite de groupements, soumis aux soins médicaux gratuits ou dont les services médicaux fonctionnent aux frais communs et qui, par conséquent, tiennent compte, non seulement de leurs décès, mais encore de leurs malades (armée, sociétés de secours mutuel, assurance contre les maladies et accidents, personnels industriels ou administratifs) exception faite de ces groupements, les statistiques des grandes collectivités ne nous fournissent généralement des données que sur la mortalité proportionnelle et la mortalité-maladies. Quelques pays, rares en vérité, et parmi eux le Japon, et un certain nombre de grandes villes, dont Paris et Berlin, ajoutent à ces données des renseignements concernant la morbidité-maladies contagieuses-renseignements dans l'immense majorité des cas incomplets et par suite inexacts, malgré le caractère obligatoire des déclarations (1).

Dans notre étude sur l'état sanitaire comparé des villes de Paris et de Berlin, nous aurons à envisager la mortalité générale et la mortalité-maladies infectieuses. Disons tout de suite que le nombre des affections que nous aurons à examiner ici sera forcément restreint : toutes les affections de cette catégorie, qui règnent à Paris et à Berlin, ne se prêtent pas à un parallélisme absolu ou même relatif : nous en verrons les raisons plus loin.

I

Il y eut une époque, et cette époque n'est pas très éloignée de la nôtre, où la mortalité générale ou

---

(1) Cela ressortira au cours de cet article.

proportionnelle était considérée comme reflétant très exactement, non seulement l'état sanitaire, mais encore l'état de prospérité ou de misère des populations. « Le temps n'est pas éloigné, dit d'Ivernois en 1833, où la mesure, croissante ou décroissante de la mortalité proportionnelle deviendra l'un des flambeaux de l'histoire.... Cette mesure universelle, je me flatte de l'avoir trouvée.... (1) » Une haute mortalité générale étant souvent la conséquence d'une haute natalité — nous verrons dans un instant comment et pourquoi — on en concluait, par erreur, qu'une haute mortalité a pour corollaire nécessaire une haute natalité en vertu de ce principe, faux d'ailleurs, que « le nombre de naissances est réglé par le nombre de décès » (Quételet) (2). Or la nature dans sa sagesse ayant décrété, selon A. Guillard, que l'homme naisse là seulement où il y a un pain et là où il y a un pain il naisse un homme (3), il s'en suit, selon cet auteur, que là où il y a beaucoup de pains les naissances se produisent en grande quantité, de même que là où les pains sont en moins grande abondance les naissances sont rares. En d'autres termes : une haute natalité indiquerait une grande prospérité, de même qu'une basse natalité serait un symptôme de misère. Et puisque le nombre des naissances est réglé par celui des décès et qu'une haute natalité est la conséquence nécessaire d'une haute mortalité, une haute mortalité est le signe caractéristique d'une grande prospérité. « An increase in the rate of mortality is often a sign of prosperity, for a high death-rate means a high birth rate » disait un statisticien anglais, le Dr Letheby « un accroissement du taux de la mortalité est souvent l'indice de prospérité, car une haute mortalité suppose une haute natalité ! »

Au fur et à mesure des progrès de de la statistique et de ses moyens d'investigation on commence cependant à reconnaître que l'importance attribuée à ce facteur démographique a été très exagérée non seulement comme « mesure universelle », mais encore comme mesure de l'état sanitaire ou de l'*intensité* de la mortalité.

La mortalité générale, en effet, exprime nous le savons, la dîme prélevée par la mort sur 1000 individus de tout âge dans l'espace d'une année ; elle est donc la résultante des mortalités partielles ou des dîmes mortuaires payées par chaque âge en particulier ou par chaque groupement d'âges en particulier. Or l'analyse, devenue possible grâce aux dénombre-

ments plus exacts et plus détaillés des vivants et des morts, a démontré que la dîme mortuaire ou les chances de mort ou encore l'*intensité* de mortalité varient considérablement d'un âge ou d'un groupement d'âges à l'autre.

Sur 1000 individus de chaque groupe d'âge combien de décès?
France, période 1894-98 (1).

De 0 à 1 an............	202,0
— 1 à 4 —	20,8
— 5 à 9 —	1,6
— 10 à 19 —	4,2
— 20 à 29 —	7,1
— 30 à 39 —	8,8
— 40 à 49 —	11,7
— 50 à 59 —	19,2
— 60 à 69 —	40,8
— 70 à 79 —	96,7
— 80 à 89 —	193,7
— 90 et au-dessus........	260,3
Total....	20,9

Ainsi donc, la mortalité la plus intense est celle qui sévit sur les enfants âgés de 0 à 1 an. C'est au début de la vie que les chances de mort sont les plus grandes : Alors, en effet, que la mortalité totale de la population française est de 20,9 0/00, celle des enfants du moins d'un an est de 202 0/00. Il est vrai qu'au déclin de l'existence, de 80 à 89 ans, la mortalité s'approche du taux accusé par les nouveau-nés et qu'à 90 ans et au-dessus, elle le dépasse. Mais étant donné le nombre relativement peu considérable de vieillards de cet âge, respectivement 374.810 et 24.350 contre 677.960 enfants âgés de 0 à 1 an (période 1894-98), l'influence exercée par les deux groupes avancés d'âge, sur le taux de la mortalité totale est moins grande que celui du groupe d'âge de 0 à 1 an. On se rendra d'ailleurs compte de l'intensité en vérité effrayante de la mortalité infantile par les chiffres suivants :

	Nombres moyens	
	Vivants	Décès
De 0 à 1 an.............	677.000	138.000
De 1 à 29 ans...........	20.000.000	148.000

Pour un nombre d'individus de près de 30 fois moins grand, le groupe de 0 à 1 an accuse presque autant de décès que l'ensemble des groupes âgés de 1 à 29 ans.

La première conclusion à tirer de ce fait, à savoir que les chances de mort varient selon l'âge, c'est que la mortalité *générale* n'exprime pas l'*intensité* de mortalité ni, par conséquent, l'état sanitaire des populations.

Voici en effet deux agglomérations : une dont la composition en habitants et la mortalité selon l'âge approchent de la moyenne observée en France

---

(1) F. D'IVERNOIS. *Sur la mortalité proportionnelle des populations normandes comme mesure de leur aisance et de leur civilisation*. (Genève, 1833, p. 30.)

(2) QUÉTELET. *Physique sociale*, t. I, p. 291. Saint-Pétersbourg, 1869.

(3) A. GUILLARD. *Éléments de statistique humaine ou Démographie comparée*. Paris, 1855 p. 55.

(1) *Statistique annuelle de la population française*, années 1899 et 1900, p. 14.

l'autre composée exclusivement de 1000 enfants âgés de moins d'un an. La première accuse une mortalité générale de 20,9 0/00; l'autre celle de 202 0/00. La différence entre les deux taux de mortalité ne tient pas à la différence de leur état sanitaire, mais à ce que, dans la première agglomération, les éléments à haute mortalité — enfants âgés de moins d'un an — entrent dans une proportion insignifiante (18 0/00); dans la dernière, cette proportion est de 1000 0/00.

Il est évident, qu'une différence aussi notable ne s'observe pas en réalité. Mais l'exemple ci-dessus fait clairement ressortir le fait suivant : étant donné les variations dans la composition proportionnelle par âge d'une collectivité à l'autre, une collectivité dont la natalité est plus haute et qui, par cela même, accuse, dans un groupe de 1000 habitants de tout âge plus d'enfants en bas âge, cette collectivité enregistre un taux de mortalité supérieur à celui d'une autre collectivité, à natalité plus basse, lors même que la mortalité selon l'âge ou l'intensité de mortalité ou encore les chances de mort sont égales dans les deux collectivités.

En d'autres termes : 1° *à intensité de mortalité égale la collectivité à haute natalité accuse une mortalité générale supérieure à celle d'une collectivité dont la natalité est inférieure*; 2° *de deux collectivités à mortalité générale égale, c'est celle dont la natalité est supérieure qui accuse une intensité de mortalité plus basse ou un état sanitaire plus satisfaisant.*

Ainsi donc et contrairement à l'opinion très répandue encore parmi les statisticiens eux-mêmes, l'indication qui se dégage du coefficient de la mortalité générale est peu précise tout particulièrement en ce qui concerne l'état sanitaire des populations. L'inégalité des dîmes mortuaires des différents groupes d'âges inégalement répartis dans les différentes collectivités fait que ces coefficients sont généralement peu comparables les uns aux autres.

En présence de ce fait, mis en lumière par Wappäus (1) et pleinement démontré par Bertillon père (2) et E. Levasseur, (3) et par nous mêmes (4) on a cherché à substituer au procédé de mortalité proportionnelle (sur 1000 habitants de tout âge combien de décès de tout âge?) un autre plus rationnel qui, tout en écartant la cause essentielle d'erreur — l'inégalité de la composition par âge — donne une mesure exacte de l'intensité de mortalité et par suite une image fidèle

de l'état sanitaire et qui, en outre, permette une comparaison entre les différentes collectivités.

Parmi les procédés les plus connus sont ceux de Bodio et Körösi. Différents quelque peu dans les détails (1) ils sont basés sur le même principe : ramener la composition proportionnelle par âge des différentes collectivités ou pays au même **standard**—celui de la Suède. Ceci fait déterminer combien de décès fournirait chaque groupe d'âge avec la composition **fictive**, mais avec son coefficient **réel** de mortalité; totaliser le nombre des décès de tous les groupes d'âge et la rapporter à la population entière.

Il est permis de se demander si le coefficient de mortalité ainsi obtenu, dénommé par Körösi (2) « international-mortalitäts-index » et qui est la somme des mortalités des groupes d'âges ou des « alters-index » ramenés à une composition uniforme pour les collectivités à comparer, si, dis-je, le coefficient international de mortalité résout les difficultés que nous savons; si mieux que la mortalité proportionnelle il exprime l'**intensité** de mortalité ou l'état sanitaire des populations, et si plus que la mortalité proportionnelle il se prête, comme son nom l'indique, aux comparaisons internationales.

Nous ne le croyons pas.

Le problème suivant : la composition proportionnelle, — par groupes d'âges — de la population française choisie comme exemple étant de... et la mortalité des groupes d'âges ainsi **composés** étant de... (voir plus haut), la mortalité totale de cette population est de 20, 9 0/00; quelle serait cette mortalité si la composition par âge de la population française était identique à celle de la population suédoise, prise comme standard? Ce problème dans l'état actuel des données statistiques est d'une difficulté de solution presque insurmontable. Sa solution en tout cas est essentiellement subordonnée à celle d'un autre problème : quelle serait la mortalité des groupes d'âges de la population française, la valeur proportionnelle de ces groupes par rapport à la population totale étant modifiée selon le standard suédois? Dans le procédé Bodio-Körösi, il est fait abstraction complète de ce dernier problème : la mortalité des groupes d'âges reste invariable, alors que leur valeur proportionnelle est modifiée.

Voici, par exemple, comment on procède pour le groupe de 0 à 1 an : on détermine le nombre d'enfants que compterait la France si la proportion de

(1) Wappäus. *Algemeine Bevölkerungs statistik*, 1859, cité par Körösi in op. cit.

(2) Bertillon père. *Mortalité in Encyclopédie des sciences médicales.*

(3) E. Levasseur, *Population française*, t. II, chap. XLI et XIV.

(4) Dr Lowenthal. *Essais sur les rapports des mortalités et natalités.* (in *Revue Scientifique*, 7 et 14 janvier 1905.)

(1) Dans le procédé Bodio, les mortalités partielles ou par âge ne sont pas additionnables; pour obtenir la mortalité totale on totalise les nombres absolus qu'on rapporte à la population totale. Au contraire, dans le procédé Körösi, les mortalités partielles sont additionnables et il suffit de les totaliser pour obtenir la mortalité totale.

(2) Josef Körösi. *Mortalitäts-Coefficient und Mortalitäts-Index in Demographische Beitrage*, etc. Berlin, 1892, p. 35-72.

ce groupe d'âge par rapport à la population totale était non pas de 18 0/00, proportion réelle, mais de 26 0/00, celle de la Suède ; ce nombre trouvé, on le multiplie par le coefficient de la mortalité tel que la France l'enregistre, la proportion étant de 18 0/00, c'est-à dire par 202. Or si la France accuse 202 décès sur 1.000 enfants vivants de 0 à 1 an c'est parce que la population infantile est de 18 0/00 de la population totale ou en d'autres termes, parce que la natalité est de 22 0/00. Si la population infantile française était de 26 0/00, si en d'autres termes la natalité française était supérieure à 22 0/00 la mortalité infantile serait de beaucoup supérieure au taux de 202 0/00.

De même, en effet, que la mortalité générale est la somme des mortalités partielles des groupes d'âges et est subordonnée à la valeur proportionnelle de ces derniers, de même la mortalité du groupe de 0 à 1 an est la somme des mortalités des sous-groupes constituant cette catégorie d'âge : elle est intimement liée à la valeur numérique des sous-groupes. Car de même que les dîmes mortuaires varient essentiellement d'un groupe à l'autre, de même tous les sous-groupes d'âges, constituant le groupe de 0 à 1 an, n'accusent pas, tant s'en faut la même mortalité :

Proportion pour 100 des décès à chaque âge de ceux de la première année (année 1902)

De	0 à 4 jours	13,61
—	5 à 9 —	6,13
—	10 à 14 —	5,26
—	15 à 29 —	10,62
—	30 à 60 —	11,22
—	60 à 90 —	9,75
—	90 à 180 —	18,75
—	180 à 270 —	14,00
—	270 à 365 —	10,63

Sur 100 décédés de 0 à 1 an, 35 environ sont âgés de moins d'un mois, 11 seulement de 1 à 2 mois et 10 de 2 à 3 mois. La proportion pour les 3 premiers mois s'élève donc à 56 0/0 ; elle tombe à 19 0/0 environ pour le second trimestre à 14 pour le troisième et à 10 0/0 seulement pour le quatrième. Dès lors, il est facile de comprendre que si la mortalité infantile française est de 202 0/00 avec une natalité de 22 0/00 et une proportion d'enfants de 18 0/00 à la population totale, cette mortalité serait de beaucoup supérieure avec une proportion de 26 0/00, c'est-à-dire une natalité de beaucoup supérieure au taux de 22 0/00. Dans ce dernier cas, en effet, le groupe de 1.000 enfants de 0 à 1 an contiendrait plus d'éléments à haute mortalité, c'est-à-dire plus d'enfants âgés de quelques jours ou de peu de semaines et moins d'éléments à mortalité plus basse.

Il en résulte que si l'on admet une composition proportionnelle d'habitants autre que celle existant réellement — car les réflexions développées ci-dessus s'appliquent à tous les groupes d'âges — il faut en toute logique assigner à ces derniers d'autres coefficients de mortalité, en harmonie avec leur nouvelle valeur proportionnelle. Or, nous le répétons, dans le procédé Bodio-Körösi les coefficients de mortalité des groupes d'âges restent invariables (les coefficients, s'entend, à l'aide desquels on détermine le nombre des décès hypothétiques) cependant que les rapports réciproques des groupes sont modifiés. C'est là une grave erreur qui fausse et les résultats partiels et le résultat final, — les alters-index et l'index international — qui perdent ainsi là signification, qu'à tort en leur attribue.

Ces longs développements étaient nécessaires en présence de l'espèce de légende qui longtemps s'était attachée à la mortalité générale et dont a hérité, sans l'en déposséder cependant complètement, l'index international de mortalité : ni l'une ni l'autre, et ce dernier encore moins que la première, n'expriment l'*intensité* de mortalité ; ni l'une ni l'autre et le dernier encore moins que la première, ne nous rendent l'image fidèle de l'état sanitaire des collectivités ; ni l'une ni l'autre, par conséquent, ne se prêtent aux comparaisons d'une collectivité à l'autre. La mortalité générale n'acquiert quelque valeur comparative que lorsqu'elle est accompagnée d'autres facteurs démographiques et surtout, étant donné le rôle prépondérant de la mortalité infantile, des notions *précises et exactes* sur la natalité (1).

Nous disons avec intention « des notions précises et exactes sur la natalité » et non pas tout court « des notions sur la natalité ». Car les réserves que nous avons formulées sur la valeur intrinsèque et comparative de la mortalité générale s'appliquent également à la natalité, ce dernier terme, selon la convention établie, exprime le nombre de naissances sur 1.000 individus de tout âge.

Voici deux localités, qui font partie du même département de la Seine :

	Mortalité	Natalité
Nanterre......	85 0/00	18 0/00
Malakoff......	21 —	24 —

La natalité de Malakoff est supérieure à celle de Nanterre de 33 0/0 alors que la mortalité de Nanterre est de 300 0/0 supérieure, — ce qui, au premier abord paraît absurde. Or, la natalité très basse et la mortalité si élevée de Nanterre tiennent à la même cause qui n'a rien à voir ni avec son état sanitaire ni avec la fécondité des familles : une forte proportion de sa population (plus de 1/4) est constituée par les vieillards (d'importation parisienne), dont la dîme mortuaire

____

(1) C'est à peu près ce que disait, il y a cinquante ans, Wappäus : » Es geht hervor das die blosse Vergleichung der algemeinen Mortalität, der *Mortalité proportionnelle* verschiedener Länder keine sicheren Masstab für ihre relative Prosperität abgeben kann, das vielmeher dabei nothvendig zugleich die Geburtenziffer der in Vergleichung gestelten Länder in Rechnung gebracht verden muss » (*in loc. cit.*).

est aussi haute, que le rôle dans la natalité est nul.

La natalité étant fonction de la fécondité et la fécondité une fonction physiologique se manifestant, avec plus ou moids d'intensité, à certains âges seulement, il s'en suit que : 1° *de deux collectivités à fécondité égale, la collectivité dont les éléments procréateurs ont une valeur proportionnelle moindre accuse une natalité plus basse ; 2° de deux collectivités à natalité égale, la collectivité dont les éléments procréateurs ont une valeur proportionnelle moindre accuse une fécondité plus haute.*

En résumé ce qui rend peu comparables les coefficients de mortalité générale, c'est surtout : *a*) la différence profonde entre les dîmes mortuaires de différents sous-groupes constituant le groupe d'âge de 0 à 1 an ; *b*) la natalité différente des collectivités et en dernière analyse la valeur proportionnelle inégale des sous-groupes et groupes d'âge de 0 à 1 an d'une collectivité à l'autre. Partant de là, est né un autre procédé, plus simple et plus précis aussi que celui de Körösi-Bodio et qui consiste à faire abstraction des décès infantiles et de la population infantile qui les a fournis, afin de se rendre compte soit de la marche de l'intensité de mortalité dans la même collectivité soit de l'intensité réciproque de mortalité dans les collectivités différentes. L'index de mortalité des groupes d'âge de 1 an à 100 ans et plus, débarrassé ainsi de l'influence perturbatrice des mortalité et natalité infantiles, exprime, en effet, mieux que la mortalité générale (le groupe de 0 à 1 an compris) l'*intensité* de mortalité ; il se prête par conséquent aux comparaisons entre les collectivités. Ce procédé, employé souvent dans les statistiques allemandes, nous aurons occasion de l'appliquer plus loin.

Ceci dit, pour montrer l'importance des connaissances démographiques pour l'étude rationnelle de l'état sanitaire des populations, abordons aussi brièvement que le comporte le sujet, la démographie comparée des villes de Paris et de Berlin.

II

Les derniers dénombrements effectués en 1901 à Paris et en 1900 à Berlin ont fait ressortir les chiffres suivants concernant la population de ces deux grandes villes.

1° *Superficie, population totale et par sexe*
(Nombres absolus et relatifs.)

	Superficie en hectares	Population	Dont	
			Hommes	Femmes
PARIS......	7.802	2.657.335	1.255.432	1.401.903
Pour 1 hect. : 341 h.		Pour 100 :	47,3	52,7
BERLIN....	6.349	1.888.848	903.041	985.807
Pour 1 hect. : 297 h.		Pour 100 :	47,8	52,2

La population de Berlin, un peu plus riche en hommes et sensiblement moins dense (différence 15 0/0) est dans sa totalité de 42 0/0 inférieure à la population de Paris. Cette différence, jadis considérable, tend à baisser de plus en plus.

2° *Accroissement de la population de Berlin et de Paris*
(Période 1817-1901.)

	Berlin	Paris	Différence 0/0
1817 (1)...	193.700	713.166	270
1861......	547.200 (2)	1.696.141	200
1876......	997.702 (2)	1.988.806	100
1901......	1.888.848 (2)	2.657.335	42

De 1817 à 1901 la population de Paris s'est accrue de 272 0/0 ; celle de Berlin de 875 0/0.

Outre la masculinité un peu plus forte et une densité de 15 0/0 moins grande, la population de Berlin présente cette autre particularité que, l'élément étranger y est beaucoup moins considérable qu'à Paris.

3) *Population selon la nationalité de Paris et Berlin.*
(Nombres absolus et relatifs)

	Population totale	dont :			
		Population autochtone	Naturalisés (4)	Etrangers	dont (3)
PARIS...	2.657.335	2.454.005	45.765	157.565	24.568 Allemands.
	100	92.4	1.7	5.9	0.9 0/0 de la population totale.
BERLIN	1.888.848	1.853.706	0	35.142	556 Français.
	100	98.1	0	1.9	0.03 0/0 de la population totale.

Relativement à la population totale, le nombre d'étrangers est de 225 0/0 moins grand à Berlin qu'à Paris, ou de 325 0/0 si l'on tient compte des naturalisés demeurant à Paris. A Paris les Allemands constituent 0,9 0/0 de la population totale (les Allemands naturalisés non compris), à Berlin les Français 0,03 0/0 seulement, soit une différence de 2900 0/0. Sur 100 étrangers (les naturalisés non compris) on compte à Paris 16 Allemands ; à Berlin 1,6 Français seulement, soit une différence de 900 0/0. On voit combien est grande la disproportion entre l'hospitalité demandée ou accordée aux Allemands à Paris et celle demandée ou accordée aux Français à Berlin.

---

(1) Le premier recensement exact date à Paris de l'année 1817.

(2) Les chiffres correspondants pour Berlin se rapportent au recensement des années 1860, 1875 et 1900.

(3) C'est-à-dire Français pour Paris ; Allemands pour Berlin.

(4) Les statistiques allemandes ne nous donnent pas le nombre de naturalisés. Etant données les difficultés extrêmes de naturalisation en Prusse et en Allemagne, en général le nombre de ces derniers à Berlin est négligeable si non nul.

Population d'après le lieu de naissance à Paris et à Berlin
(Nombres absolus et relatifs.)

	Population totale	Dont nés		
		Commune	Département (1)	Ailleurs
PARIS	2.657.335	946.335	78.429	1.632.471
	100	34,6	2,9	61,5
BERLIN	1.888.848	772.784	334.637	781.427
	100	40,9	17,8	41,3

Paris, dont l'accroissement est bien moins rapide, contient aussi bien moins d'éléments autochtones que Berlin. Sur 100 Parisiens, 35,6 sont nés à Paris ; 2,9 dans le département de la Seine et 61,5 ailleurs (en France, colonies et à l'étranger). Sur 100 Berlinois, 40,9 sont nés à Berlin, 17,8 dans le département de Brandenbourg et 41,3 ailleurs (en Allemagne ou à l'étranger). Sur 100 enfants berlinois âgés de 0 à 14 ans, 82,7 sont nés à Berlin ; sur 100 enfants parisiens du même âge, 74,4 seulement sont nés à Paris. En d'autres termes, dans l'accroissement de la population de Berlin, les excédents de naissances sur les décès jouent un rôle plus considérable et l'immigration un rôle bien moins considérable qu'à Paris, où, d'ailleurs, les excédents des naissances sont plus apparents que réels. (On le verra plus loin.)

Population d'après l'âge à Paris et Berlin
(Les deux sexes réunis) chiffres absolus et relatifs).

	0 à 1	1 à 5	5 à 15	15 à 60	60 à 80	80 et au-dessus	Age inconnu
PARIS..	34.731	135.963	330.818	1.934.091	203.444	11.102	10.276
Pour 100	1.3	5.1	12.4	72.9	7.5	0.4	0.4
BERLIN	39.259	138.531	307.983	1.289.619	105.740	6.167	1.549
Pour 100	2.1	7.4	16.2	68.3	5.6	0.3	0.05

Ainsi donc *a)* le groupe infantile de 0 à 1 an fournit sur 100 habitants de tout âge 1,3 d'individus à Paris et 2,1 à Berlin ; soit une proportion de près de 60 0/0 inférieure à Paris ; *b)* le groupe de vieillards de 80 ans et plus, forme 0,4 0/0 de la population totale à Paris et 0,3 0/0 à Berlin, soit de 33 0/0 inférieure à Berlin ; *c)* les deux groupes réunis (de 0 à 1 an et de 80 et plus) et qui, nous le savons, accusent le plus de chances de mort, fournissent une proportion de 1,7 0/0 de la population totale à Paris et 2,4 0/0 à Berlin, soit de plus de 40 0/0 inférieure à Paris qu'à Berlin ; *d)* le groupe d'âge de 15 à 60 ans qui fournit la presque totalité des naissances et des mariages constitue 72,9 0/0 de la population totale à Paris et 68,3 0/0 à Berlin, soit une proportion de 7 0/0 inférieur à Berlin.

(1) Le département de la Seine, Paris non compris, compte 942.656 habitants : le département Brandenbourg : 592.136 habitants, Berlin non compris. Ajoutons qu'une assez forte proportion d'habitants nés à Berlin émigrent dans la banlieue (département Brandenbourg). Sur 100 enfants âgés de 0 à 14 ans et demeurant dans la banlieue on compte 25,6 nés à Berlin ; sur 100 adultes, au-dessus de 14 ans et demeurant dans la banlieue on compte, 182 nés à Berlin. Nous n'avons pas de renseignements de cette nature concernant la banlieue parisienne.

En d'autres termes, la composition proportionnelle respective des populations de Paris et de Berlin est telle que les mortalité, natalité et nuptialité ressortent à Paris plus favorables et à Berlin moins favorables, qu'elles ne le sont en réalité.

Population de 15 ans et plus d'après le sexe, l'état civil et les catégories d'âges à Paris et Berlin ; (chiffres absolus et relatifs) (1).

Célibataires

		PARIS		BERLIN	
		Nombres absolus	Sur 100	Nombres absolus	Sur 100
De 15 à 60 ans	H.	392.705	31.2	286.237	31.7
	F.	372.739	26.6	281.109	28.5
Total...		765.444	28.8	567.346	30.0
De 60 ans et au-dessus	H.	9.986	0.8	2.808	0.3
	F.	16.552	1.2	6.565	0.6
Total...		26.538	0.9	9.373	0.5
Ensemble	H.	402.691	32.0	289.045	32.0
	F.	389.291	27.8	287.674	29.1
Total général...		794.416	29.9	576.719	30.5

Mariés

		PARIS		BERLIN	
		Nombres absolus	Sur 100	Nombres absolus	Sur 100
De 15 à 60 ans	H.	474.842	37.9	320.164	35.5
	F.	501.116	35.7	331.921	33.7
Total...		975.958	36.7	652.085	34.5
De 60 ans et au-dessus	H.	51.901	4.1	29.363	3.2
	F.	29.458	2.1	18.365	1.9
Total...		81.359	3.2	47.728	2.5
Ensemble	H.	528.722	42.0	349.698	38.7
	F.	532.887	37.8	350.516	35.6
Total général...		1.061.609	39.9	700.205	37.0

Veufs (2)

		PARIS		BERLIN	
		Nombres absolus	Sur 100	Nombres absolus	Sur 100
De 15 à 60 ans	H.	31.375	2.5	8.671	0.9
	F.	112.251	8.0	51.051	5.2
Total...		143.626	5.3	59.722	3.2
De 60 ans et au-dessus	H.	21.998	1.8	9.487	1.1
	F.	78.030	5.4	44.146	4.5
Total...		100.028	3.9	53.633	2.8
Ensemble	H.	53.373	4.3	18.145	2.0
	F.	190.281	13.4	95.245	9.7
Total général...		244.240	9.2	113.410	6.0

Divorcés

		PARIS		BERLIN	
		Nombres absolus	Sur 100	Nombres absolus	Sur 100
De 15 à 60 ans	H.	7.743	0.6	3.204	0.3
	F.	12.635	0.9	6.865	0.7
Total...		20.378	0.8	10.009	0.5
De 60 ans et au-dessus	H.	543	0.04	428	0.05
	F.	522	0.03	754	0.08
Total...		1.065	0.04	1.182	0.06
Ensemble	H.	8.286	0.64	3.636	0.40
	F.	13.757	0.93	7.563	0.77
Total général...		21.548	0.84	11.191	0.56

(1) Dans les totaux généraux sont compris ceux dont l'âge est inconnu.

(2) Les chiffres concernant les veufs et les veuves à Paris sont quelque peu supérieurs à la réalité : dans les totaux sont compris, en effet, un certain nombre de divorcés parmi les étrangers, que les statistiques confondent dans la même rubrique : Veufs et divorcés.

Il résulte de ce tableau que les célibataires se trouvent en plus grande proportion à Berlin qu'à Paris, — fait dû essentiellement aux célibataires-femmes âgées de 15 à 60 ans ; au contraire, la proportion des mariées, veuves et divorcées est plus haute à Paris qu'à Berlin.

De la supériorité du nombre relatif de célibataires à Berlin et de mariés à Paris, il ne faut pas conclure à la nuptialité plus grande de Paris : nous verrons que c'est le contraire qui est exact. A Paris, en effet, de même qu'à Berlin, la proportion des célibataires est supérieure et celle des mariés inférieure aux normales observées dans les deux pays respectifs. Cela tient d'abord à la population scolaire, mais surtout à l'afflux des gens de maison. Or, grâce à l'industrie nourricière — inconnue en Allemagne — grâce aussi à l'usage immodéré de la prudence parentale, en pratique sans doute à Berlin, mais sur une échelle moins vaste, à Paris les gens de maisons mariés peuvent exercer leur métier *ad libitum*, alors qu'à Berlin ils se voient dans la nécessité de quitter leur place et de retourner dans leur province dès l'approche de la maternité : ils sont remplacés par des célibataires immigrés, par les célibataires femmes surtout, d'un usage beaucoup plus fréquent à Berlin qu'à Paris.

Ajoutons que ce retour vers la province est singulièrement favorisé par ce fait que l'hospitalité offerte par les établissements de l'Assistance publique de Berlin aux femmes enceintes est peu large, beaucoup moins large qu'à Paris, nous le verrons dans un instant.

Autre circonstance que nous révèle les chiffres ci-dessus cités : la proportion exagérée des veuves aussi bien à Paris qu'à Berlin, mais plus encore à Berlin qu'à Paris, par rapport aux veufs. En France comme en Allemagne ce rapport est de 1 à 2 ; à Paris, il est de 1 à 3 ; à Berlin de 1 à 4,5. C'est là le fait d'immigration et non de mortalité. Au contraire la proportion exagérée du nombre des veufs et des veuves de tout âge à Paris (par rapport à la population totale), doit sans doute être attribuée à la mortalité plus haute à Paris qu'à Berlin.

Nuptialité de Paris et de Berlin (1902) (1).

	Population calculée	Mariages	Nouveaux mariés sur 1.000 hab.
Paris	2.690.345	25.728	19,3
Berlin	1.903.808	19.138	20,1

(1) Sur *1.000 habitants de tout âge, combien de nouveaux mariés dans la période décennale 1893-1902 à Paris et Berlin ?*

	PARIS	BERLIN
1893	18,8	20,8
1894	18,3	20,5
1895	18,8	20,8
1896	18,3	21,9
1897	18,1	22,3
1898	19,3	22,1
1899	19,7	21,9
1900	20,7	22,3
1901	19,7	20,9
1902	19,3	20,1

La proportion des nouveaux-mariés — le rapport des mariages à la totalité de la population (en 1902), *sans distinction d'âge, de sexe et d'état civil* — est de 4 0/0 inférieure à Paris qu'à Berlin. La différence ressort bien plus grande lorsqu'on rapporte les mariages, non pas à la totalité de la population, mais à la population mariable, c'est-à-dire à la somme des célibataires veufs et divorcés âgés de plus de 20 ans pour les hommes et de plus de 15 ans pour les femmes.

Proportion de nouveaux mariés pour 1.000 habitants mariables à Paris et Berlin (1902).

PARIS

	Population mariable	Nombre de mariages	0/00
Sexe masculin...	361.145	25.728	71,2
— féminin....	592.729	25.728	43,4

BERLIN

	Population mariable	Nombre de mariages	0/00
Sexe masculin..,	224.100	19.138	85,4
— féminin....	394.680	19.138	48,5

La nuptialité réelle du sexe masculin de Paris est de 20 0/0 inférieure à celle de Berlin ; la nuptialité du sexe féminin de 11 0/0 inférieure.

Mariages répartis selon l'âge des nouveaux mariés à Paris et Berlin.

(Chiffres absolus et relatifs) (1901).

	PARIS Nombre de Mariages	PARIS 0/00	BERLIN Nombre de Mariages	BERLIN 0/00
1° ÂGE DES ÉPOUX.				
Au-dessous de 20 ans.....	125	4,7	11	0,6
De 20 à 25 ans	4.695	175,8	5.449	274,7
— 25 à 30 —	11.653	436,3	8.321	419,5
— 30 à 35 —	4.468	167,3	2.970	149,7
— 35 à 40 —	2.325	86,9	1.386	67,8
— 40 à 45 —	1.351	50,6	709	35,7
— 45 à 50 —	818	30,6	419	21,1
— 50 à 55 —	545	20,4	286	14,4
— 55 à 60 —	326	12,2	173	8,7
— 60 et au-dessus.........	404	15,2	164	8,3
Totaux........	26.710	1.000,0	19.838	1.000,0
2° ÂGE DES ÉPOUSES.				
Au-dessous de 20 ans....	3.102	116,1	1.440	12,6
De 20 à 25 ans	9.936	371,9	8.643	435,7
— 25 à 30 —	6.444	241,3	5.604	282,5
— 30 à 35 —	3.078	115,3	2.133	107,4
— 35 à 40 —	1.897	71,0	980	49,4
— 40 à 45 —	1.014	37,9	516	26,0
— 45 à 50 —	594	22,3	310	15,6
— 50 à 55 —	339	12,8	137	6,9
— 55 à 60 —	174	6,5	51	2,6
— 60 et au-dessus........	132	4,9	24	1,3
Totaux........	26.710	1.000,0	19.838	1.000,0

1° *Age des époux.* — A Paris, les mariages précoces, au-dessous de 20 ans et les mariages tardifs au-dessus de 40 ans, sont plus fréquents qu'à Berlin : Sur 1.000 nouveaux mariés, on compte à Paris 4,7 âgés de moins de 20 ans et 0,6 seulement à Berlin ; 129,0 au-dessus de 40 ans à Paris et 88,2 seulement à Berlin. Les mariages les plus productifs au point de vue de la procréation, étant ceux contractés par les hommes âgés de plus de 20 ans et de moins de 40, on voit que les mariages de cette nature sont moins fréquents à Paris, 866,3 0/00 qu'à Berlin, 911,8 0/00 : la différence est particulièrement sensible pour les mariages contractés entre 20 et 30 ans, 612,1 0/00 à Paris et 694 0/00 à Berlin. Par contre, les mariages au-dessus de 50 ans — inutiles pour la natalité — sont beaucoup plus fréquents à Paris 47,8, qu'à Berlin 31,4 0/00.

2° *Age des épouses.* — Les mariages au-dessous de 20 ans sont plus fréquents à Paris qu'à Berlin. proportion respective 116,1 et 72,6 0/00 ; par contre de 20 à 25 ans, ils sont plus fréquents à Berlin, 435,7 0/00 qu'à Paris 371,9. Il ne faut pas en conclure que sur le bord de la Sprée les cœurs des femmes commencent à parler plus tard que sur les bords de la Seine : ce qu'on perd à Berlin sur les mariages, on le regagne, s'il est permis de s'exprimer ainsi, sur les unions illégales : nous verrons tout à l'heure que l'intensité de la natalité illégitime est de beaucoup plus haute à Paris qu'à Berlin ; cependant au-dessous de 20 ans elle est plus forte à Berlin : en 1902, on compte à Paris 6 naissances de mères âgées de moins de 15 ans dont 5 illégitimes ; à Berlin, 6 naissances toutes illégitimes ; de 15 à 20 ans on compte à Paris 3.498 naissances dont 1.905 illégitimes, soit 544 0/00 ; à Berlin 2.351 dont 1.464 illégitimes, soit une proportion énorme de 622 0/00 ; par contre de 20 à 25 ans la proportion des illégitimes est plus forte à Paris 327 0/00 ; Berlin 239 0/00 seulement. Quoi qu'il en soit l'âge normal d'union pour les femmes étant au-dessous de 25 ans, on voit que les unions de cette nature sont plus fréquentes à Berlin, 508,3 0/00, qu'à Paris, 488 0/00. Par contre les mariages tardifs au-dessus de 40 ans, et improductifs — au-dessus de 50 ans — sont plus fréquents à Paris :

	PARIS	BERLIN
	Sur 1.000 mariages	
Mariages au-dessus de 40 ans......	84,4	52,4
— — 50	46,5	26,4

Les différences si notables entre les nuptialités de Paris et de Berlin ne sont pas, on le comprend, sans avoir une certaine répercussion sur la natalité.

Naissances à Paris (1) *et Berlin en 1902.* — Nombres absolus et relatifs (mort-nés non compris (2).

	Population	Naissances		
		Légitimes	Illégitimes	Totales
PARIS...	2.690.345	42.853	16.832	59.685
	1.000	15,9	6,3	22,2
BERLIN..	1.903.808	41.973	7.389	49.362
	1.000	22,0	3,8	25,8

(A suivre.)

DÉMOGRAPHIE

État Sanitaire et Démographie comparés des Villes de Paris et de Berlin (1)

PAR

Le Dr LOWENTHAL,
Membre de la Commission extra-parlementaire
de la Dépopulation.

Il résulte des chiffres que nous avons indiqués ces constatations :

a. La natalité totale de la Ville de Paris (sur 1.000 habitants de tout âge et de tout sexe), est de 15 0/0, inférieure à celle de Berlin.

b. La natalité légitime de la Ville de Paris est de 40 0/0 inférieure à celle de la Ville de Berlin.

c. La natalité illégitime de la Ville de Berlin est de 65 0/0, inférieure à celle de la Ville de Paris.

d. Sur 1.000 naissances vivantes, on compte 283 illégitimes à Paris, et 139 seulement à Berlin. Or la morbidité et la mortalité des enfants illégitimes étant de beaucoup supérieures à celles des légitimes, on comprend l'importance au point de vue sanitaire de la haute illégitimité de Paris, et de l'illégitimité relativement basse de Berlin.

L'infériorité de la natalité légitime de la Ville de Paris ressort encore plus grande, lorsqu'on rapporte les naissances légitimes non pas à la totalité de la population, mais, ce qui est plus rationnel, soit aux femmes mariées âgées de moins de 50 ans, soit à la totalité des femmes mariées.

(1) Voir la *Revue Scientifique* du 18 novembre 1905.

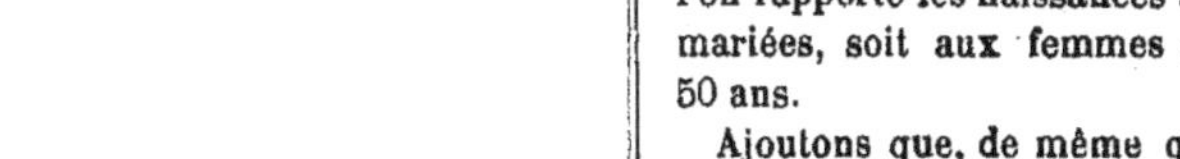

	Naissances légitimes	Femmes mariées (1)		Naissances sur 1000 femmes mariées	
		total	âgées de 15 à 50 ans	de tout âge	de 15 à 50 ans
PARIS....	42 853	532.888	437.101	80.4	98.6
BERLIN..	41.973	350.516	287.137	119.7	146.2

La fécondité des femmes mariées ressort de près de 50 0/0, inférieure à Paris qu'à Berlin, soit que l'on rapporte les naissances à la totalité des femmes mariées, soit aux femmes mariées âgées de 15 à 50 ans.

Ajoutons que, de même qu'à Paris, à Berlin, on observe une baisse de la natalité des femmes mariées, baisse plus prononcée dans cette dernière ville.

Sur 1.000 femmes mariées de tout âge, combien de naissances vivantes dans la période 1891-95 à 1902 ?

	PARIS	BERLIN
1891-95..........	85,0	147,7
1902.............	80,4	119,7

Soit une baisse de 5 0/0 à Paris, et de 20 0/0 à Berlin, phénomène dû aussi bien à Paris qu'à Berlin aux ravages de la prudence parentale.

Il aurait été d'un grand intérêt de pouvoir établir une comparaison *précise* entre la natalité légitime des femmes du même âge à Paris et à Berlin. Mais le parallèle rigoureux est impossible : dans les tableaux de natalité parisienne, selon l'âge des parents, ne figurent que les naissances des mères domiciliées à Paris (2), méthode, disons-le entre parenthèse, bien encombrante, qui rend toute comparaison exacte impossible, aussi bien avec les villes étrangères que françaises, et dont aucune n'a adopté cette « précaution » tout au moins inutile.

Voici cependant, et à titre de documents, le tableau de la

Natalité selon l'âge des femmes mariées à Paris et Berlin :
Naissances légitimes vivantes (1901).

PARIS

	Femmes mariées	Naissances par âge	
		total	sur 1000 femmes
Moins de 20 ans...	7.172	1.434	200.0
De 20 à 25 ans....	51.930	11 644	224.2
De 25 à 30 ans....	85.802	13.726	160.4
De 30 à 35 ans....	88.267	8.784	99.5
De 35 à 40 ans....	83.442	4 618	55.30
De 40 à 45 ans....	69.716	1.339	19.2
De 45 à 50 ans....	50.772	114 (3)	2.2
	437.101	41.737 (4)	95.5

(1) Femmes mariées recensées en 1901 à Paris et en 1900 à Berlin.
(2) Le nombre de naissances annuelles des mères domiciliées hors Paris est en moyenne de 1.800 environ, par an.
(3) Dont 3 au-dessus de 50 ans.
(4) Ici compris les naissances des mères d'âge inconnu.

	BERLIN		
Moins de 20 ans...	1.588	903	587.1
De 20 à 25 ans	28.710	11.299	393.5
De 25 à 30 ans	55.417	14.819	267.4
De 30 à 35 ans	62.076	9.222	148.7
De 35 à 40 ans	55.293	5.033	90.8
De 40 à 45 ans	47.197	1.533	32.5
De 45 à 50 ans	36.906	99 (1)	2.5
	287.137	42.943 (2)	149.8

Ni les coefficients de natalité de Paris, ni ceux de Berlin ne sont absolument exacts : les premiers sont quelque peu inférieurs à la réalité, parce qu'il manque 1.869 naissances des mères domiciliées hors Paris ; les derniers sont quelque peu supérieurs aux chiffres réels, parce que nous avons rapporté les naissances de l'année 1901 aux mères recensées en 1900 ; or, le nombre s'est nécessairement accru en 1901. Cependant deux faits incontestables se dégagent du tableau ci-dessus : *a.* le coefficient de la natalité des femmes mariées est supérieur à Berlin qu'à Paris ; *b.* la différence très prononcée pour les femmes mariées âgées de moins de 20 ans tend à baisser assez régulièrement au fur et à mesure que leur âge se relève, phénomène qui est dû à ce que le malthusianisme s'exerce à Paris les premières années du mariage, en vertu de cet adage qu'il est toujours trop tôt de mal faire ; à Berlin, la prudence parentale, d'un usage relativement récent et plus modéré aussi, n'entre en scène que lorsque le ménage, suivant l'expression consacrée, est suffisamment monté. Et chose au premier abord singulière, alors que le coefficient de natalité légitime des femmes âgées de 40 à 45 ans, est de 70 0/0 plus bas à Paris, de 45 à 50 ans, il est sensiblement égal à Paris et à Berlin ; il serait même supérieur à Paris s'il était possible d'écarter les deux causes d'erreur mentionnées plus haut. La natalité illégitime comprise en effet (les naissances des mères domiciliées hors Paris non comptées), la part des femmes de 45 à 50 ans dans la natalité est plus grande à Paris : sur 1.000 naissances enregistrées en 1901-1902, on compte en moyenne 2,7 de mères âgées de cet âge à Paris, et 1,9 seulement à Berlin : à cet âge relativement avancé de la femme parisienne, moins épuisée que sa sœur berlinoise, la prudence est jugée superflue et hors de saison ; d'où les surprises ainsi fréquentes que, dans l'immense majorité des cas, fort désagréables. Ajoutons que la proportion des femmes mariées âgées de 45 à 50 ans est plus basse à Paris qu'à Berlin.

	Total des femmes mariées	Femmes mariées de 45 à 50 ans	
		Total	Pour 1.000
PARIS.....	532.877	50.722	95,1
BERLIN...	350.516	56.906	105,1

Marche de la natalité à Paris (naissances des femmes domiciliées hors Paris non comprises) *et à Berlin durant la dernière période décennale (1893-1902).*

(Sur 1.000 habitants, combien de naissances vivantes ?)

Années	PARIS (1)	BERLIN
1893............	23,9	30,6
1894............	23,3	29,2
1895............	22,1	28,4
1896............	22,2	28,5
1897............	22,2	28,5
1898............	22,1	27,9
1899............	21,8	27,0
1900............	22,6	26,6
1901............	20,8	26,6
1902............	20,5	25,8

Baisse ininterrompue de la natalité à Paris comme à Berlin, un peu moins prononcée à Paris : 14,2 0/0 qu'à Berlin : 15,7 0/0. La baisse ressort beaucoup plus importante, surtout pour Berlin, lorsqu'on remonte aux années qui ont suivi la guerre de 1870.

Sur 1000 habitants combien de naissances ?

	BERLIN			PARIS	
1872-76.....	42.3	} — 16.5	28.7	} — 8.2
1902........	25.8		20.5	
Baisse 0/0....	40		29	

La marche descendante de la natalité n'est particulière ni à Paris en France, ni à Berlin en Prusse. Le même phénomène, quoique moins accentué, s'observe dans les villes prussiennes et françaises.

Sur 1.000 habitants urbains combien de naissances ?

	Prusse (2)	France (3)
1872-76.........	41.6	26.7
1902...........	33.3	22.3
Baisse pour 100.	20	16

Quoique moins importante qu'en Prusse, la baisse de la natalité est infiniment plus grave pour la France : dans notre pays en effet, la baisse est générale et atteint aussi bien les centres urbains que les centres ruraux ; en Prusse au contraire, la population rurale conserve la même natalité depuis quarante ans, dont le taux oscille autour de 40 0/00.

Sur 1.000 habitants combien de naissances en 1902 ?

		Population		
	Capitale	urbaine	rurale	totale (4)
France........	22 2	22.3	21.3	21.7
Prusse........	25.8	33.3	39.8	37.0

En France le malthusianisme règne aussi bien dans les villes que dans les campagnes ; en Prusse, au contraire les campagnes restent intactes, alors que la prudence parentale fait rage dans les villes et surtout à Berlin. Chose caractéristique : la natalité prussienne est une des plus hautes en Europe ; la capitale, au contraire, par le taux bas de sa natalité occupe l'avant-dernière place. La dernière revient, on s'en doute, à Paris.

Voici pour terminer le tableau indiquant les chiffres absolus et relatifs des femmes accouchées (1) dans les établissements d'assistance publique de Paris et de Berlin (1902).

| | PARIS | | | BERLIN | | |
| | Nombre d'accou-chées | Dont hospitalisées | | Nombre d'accou-chées | Dont hospitalisées | |
		chiffres absolus	0/00		chiffres absolus	0/00
Femmes légitimes	42.853	6.795	158	41.973	1.002	24
— illégitimes	16.832	8.137	483	7.389	2.827	382
Totaux.....	59.685	14 932	250	49.362	3.829	77

On voit que l'hospitalité accordée par les établissements d'assistance publique aux femmes accouchées est beaucoup plus large à Paris qu'à Berlin.

III

En possession des principales données démographiques, voyons l'état sanitaire comparé de Paris et de Berlin.

Et d'abord la *mortalité générale* qui, nous le savons, exprime le nombre de décès annuels sur 1.000 habitants de tout âge, sexe et état civil.

Les décès enregistrés à Paris sont classés par le service de statistique de la ville en deux catégories : *a)* décès de personnes habitant Paris : en 1902 ils étaient au nombre de 49.070 ; *b)* décès de personnes habitant hors Paris : la même année 1902, au nombre de 4.103. *Seule* la première catégorie figure dans la mortalité générale de Paris ; les décès formant la seconde catégorie sont rapportés, pour ceux de décédés, dont le domicile régulier se trouve dans le département de la Seine — et ils forment la très grande majorité — aux agglomérations respectives et figurent dans la mortalité générale de ces dernières ; quant aux décédés appartenant à un autre département que celui de la Seine, ils figurent bien dans la mortalité générale de la France, mais non pas sur les mortuaires de commune — leur demeure légale.

Le procédé adopté par le service de statistique de Paris semble au premier abord rationnel. En réalité il ne l'est pas du tout. Il ne le serait que si la ville de

Paris tenait compte dans ses mortuaires, et faisait figurer dans sa mortalité générale les décès de ceux de ses habitants qui vont par *milliers* tous les ans mourir hors la capitale : dans les villes d'eaux, stations de mer, sanatoria, campagnes (les enfants en nourrice par exemple) et tout particulièrement dans les nombreux établissements privés et publics, tels que hôpitaux, hospices, asiles, maisons de retraite, maisons de santé, cliniques particulières, prisons, etc., etc., situés soit dans la banlieue parisienne, soit hors du département de la Seine : Aubervilliers, Nanterre, Villejuif, Issy, Bicêtre, Ivry, Brévannes, Saint-Maurice, Fresne, Angicourt, Berck-sur-Mer, Forges, La Roche-Guyon, Hendaye, Villers-Cotterets, Melun, Villepinte, etc., etc.

Or il n'en est rien. Paris se décharge volontiers des décès qui ne lui appartiennent pas, mais se refuse de se charger des décès que, de droit, il peut revendiquer. C'est ainsi par exemple que dans les tableaux de mortalité du département de la Seine, dressé par le service de statistique de Paris, Paris figure avec sa mortalité propre — d'où sont exclus les décès des personnes habitant hors la capitale, alors que les autres agglomérations du département figurent avec leur mortalité totale, où sont compris les décès des personnes habitant Paris. En voici quelques chiffres :

Sur 1.000 habitants combien de décès (année 1901)?

Paris.....................	18.3
Noisy-le-Sec..............	25.0
Issy......................	27.9
Ivry	30 4
Saint-Maurice.............	32.9
Kremlin-Bicêtre...........	57 6
Villejuif.................	60.1
Nanterre..................	84.6

Le système d'évaluation du service statistique de Paris est d'autant plus irrationnel, que pas une ville, ni en France, ni à l'étranger ne l'ont adopté. Et pour cause. Voici comment s'est exprimé à ce sujet en 1903, M. le professeur Hirschberg, l'éminent chef des travaux statistiques de Berlin. « Il ne faut pas perdre de vue qu'un grand nombre de personnes meurent à Berlin, qui n'y habitent que d'une façon passagère. Le fait est surtout fréquent dans les hôpitaux et cliniques : dans quinze d'entre eux on a enregistré, en 1903, 1.346 décès de cette catégorie... Mais il faut prendre en considération cet autre fait que 1.200 habitants berlinois sont décédés la même année dans les hôpitaux et cliniques de la banlieue ; et encore ce nombre est au-dessous de la vérité : tous les établissements hospitaliers n'ayant pas fourni les renseignements qu'on leur a demandés. » C'est pourquoi la mortalité générale de la ville de Berlin comprend tous les décès, sans distinction de domicile légal des décédés. C'est pourquoi aussi nous faisons figurer dans la mortalité générale de la ville de Paris tous les

---

rente que réelle et tient à ce que la valeur proportionnelle de la population adulte est plus grande dans les premiers que dans les derniers.

(1) Il ne s'agit ici que des naissances vivantes.

décès enregistrés à Paris, sans nous préoccuper de leur domicile régulier.

Nombre de décès (chiffres absolus et relatifs) à Paris et à Berlin, durant la dernière période quinquennale 1898-1902.

| | PARIS | | BERLIN | |
| | Décès | | Décès | |
	Chiffres absolus	p. 1000 h.	Chiffres absolus	p. 1000 h
1898....	52.567	20,4	30,547	17.2
1899....	53.932	20,8	34.011	18,7
1900....	55.392	21,1	35.411	18,9
1901....	53.449	20,1	34.096	18,0
1902....	53.173	19,7	30.740	16,1
Moyenne ann.	53.702	20,4	32,961	17.8

Si la natalité de Paris et de Berlin était la même, la différence entre les taux de leur mortalité générale exprimerait à peu de chose près la différence entre l'*intensité* de leur mortalité respective, et nous pourrions dire que l'intensité de mortalité de la ville de Berlin est de 15 0/0 inférieure à celle de Paris. Or, nous savons que la natalité de Berlin est notablement supérieure à celle de Paris; d'où nous pourrons tirer cette conclusion qu'en réalité la différence est beaucoup plus grande que ne l'indique le chiffre ci-dessus.

Mais les chiffres de mortalité de Berlin et de Paris ne sont pas comparables encore pour une autre raison : c'est que, si nous connaissons exactement le chiffre des décès annuels de la ville de Berlin, il s'en faut de beaucoup que nous possédions le chiffre total de décès de la population parisienne.

Lorsqu'on examine avec quelque attention le tableau de la population parisienne selon l'âge des habitants, on est surpris, entre autres choses, du chiffre bas de la population infantile âgée de moins d'un an, de beaucoup trop bas relativement aux naissances vivantes; plus bas même que celui des enfants du même âge de la ville de Berlin, dont le chiffre annuel de naissances est cependant plus bas. Et la surprise est d'autant plus grande qu'à en croire la statistique mortuaire de la ville de Paris, le nombre des décès d'enfants âgés de 0 à 1 an serait supérieur à Berlin. De sorte que, en comparant le chiffre des naissances avec la somme des enfants vivants et décédés dans l'année, on constate, comme le montre le tableau ci-dessous, un déficit assez considérable (19.181 contre 1.645 à Berlin) — déficit dû à l'exode des nouveau-nés parisiens vers la campagne :

| | Naissances vivantes | Enfants de 0 à 1 an | | Total des colonnes 2 et 3 | Différence entre les colonnes 1 et 4 |
| | | vivants | décédés | | |
	1	2	3	4	5
Paris (1).	60.826	34.731	6.914	41.645	19.181
Berlin (1)	49.831	39.259	11.762	48.186	1.645

(1) Année 1901 pour Paris et 1900 pour Berlin, années de recensement.

Le recensement ayant eu lieu au commencement de l'année 1901 (mois de mars), et la totalisation des décès à la fin de l'année, le déficit accusé dans le tableau n'est pas tout à fait exact; il est en outre probable qu'un certain nombre de nouveau-nés qui ont été en nourrice figuraient sur les feuilles de recensement comme présents à Paris (1). On peut en effet classer les nourrissons parisiens en deux catégories : 1° ceux qui sont soumis à l'inspection médicale, c'est-à-dire placés chez les nourrices mercenaires, au nombre de 18.500, moyenne annuelle; 2° enfants placés chez des proches parents et qui échappent à tout contrôle — on évalue leur nombre à 12.000 environ. Nous arrivons ainsi à un total approximatif de 30.000 enfants de 0 à 1 an (c'est le chiffre adopté par M. le sénateur Strauss) (2) nés à Paris, et qui tous les ans sont envoyés pour un temps variable en province. Or les décès de ces nourrissons figurent, non pas sur les mortuaires de la ville de Paris, mais au passif des communes résidences des nourrices. Lorsque nous aurons ajouté que l'immense majorité des nourrissons quittent Paris peu de jours après la naissance, c'est-à-dire à un âge où leur mortalité est extrême, mais rentrent dans leur famille à un âge où les chances de mort ont considérablement baissé; que parmi les petits émigrés, la proportion des enfants illégitimes (c'est-à-dire des enfants soumis à une très forte mortalité) est beaucoup plus grande relativement au nombre de leurs naissances, que celle des enfants légitimes (3) et qu'enfin l'industrie nourricière est pour ainsi dire inconnu en Prusse en général, à Berlin en particulier, alors nous aurons une idée *approximative* du nombre de décès, dont est allégée tous les ans la statistique mortuaire de la ville de Paris.

Et d'ailleurs le groupe d'âge de 0 à 1 an n'est pas seul en déficit, mais encore celui de 1 à 5 ans, qui compte à Paris 135.963 enfants contre 138.531, nombre d'enfants de 1 à 5 ans à Berlin, soit une différence de plus de 2.500 en faveur de Berlin, dont le nombre de naissances annuelles est de 11.000 inférieur. En prenant en considération la différence de naissances et la composition de ce groupe d'âge à Berlin, prise comme standard on arrive à évaluer le nombre réel de ce groupe d'âge de Paris à plus de

(1) Le recensement de Paris de 1901 fourmille en erreurs et inexactitudes. Dans un remarquable article consacré aux « *Familles Parisiennes en 1901* ». M. March en a relevé un certain nombre. (Voir *Journal de la Société de statistique de Paris*, année 1904, p. 26.)

(2) P. STRAUSS. *Enfance malheureuse.* Paris 1896, p. 222.

(3) Sur 96.670 nourrissons soumis à l'inspection en 1902 on constate 67.829 enfants légitimes et 28.841 illégitimes; en d'autres termes, pour toute la France 1/3 d'enfants illégitimes sont envoyés en nourrice contre 1/12 des légitimes. Pour Paris, la proportion des illégitimes est beaucoup plus forte encore.

165.000 individus, soit un déficit de près de 30.000 enfants de 1 à 5 ans, — dont la plus grande majorité est âgée de 1 à 2 ans — déficit dû à l'industrie nourricière.

Du fait de l'exode des enfants parisiens vers la campagne, le budget mortuaire de la ville de Paris se trouve allégé d'un nombre considérable de décès, qu'on peut évaluer d'une façon approximative à 6.500 dont 5.500 d'enfants âgés de 0 à 1 an et 1.000 de 1 à 5 ans. De sorte que le nombre réel des décès annuels de la ville de Paris durant la dernière période quinquennale dépasse 60.000 (chiffre officiel 50.137), et la mortalité moyenne atteint 23 0/00 (taux officiel 19.5 0/00) contre 17.8 0/00, mortalité moyenne de Berlin pour la même période 1898-1902.

En d'autres termes, malgré une natalité plus haute la *mortalité générale* de la ville de Berlin est de 30 0/0 inférieure à celle de la ville de Paris. En prenant en considération la différence des natalités, on peut affirmer que l'*intensité de mortalité* de la ville de Berlin, est de 45 0/0 inférieure à celle de la ville de Paris.

Voyons la mortalité par groupes d'âge qui, sans nous donner une image absolument exacte de l'*intensité* de mortalité, nous permet cependant de nous en faire une idée un peu plus exacte que la mortalité générale.

Sur 1.000 individus de chaque groupe d'âge, combien de décès à Paris et à Berlin (1902)?

	PARIS		BERLIN	
	Hommes	Femmes	Hommes	Femmes
De 0 à 1 an..	188,5	171,2	252,0	199,0
— 1 à 5 —..	29,8	28,8	20,6	19,2
— 5 à 10 —..	5,4	5,8	3,6	4,0
— 10 à 15 —..	2,6	2,9	1,9	2,3
— 15 à 20 —..	5,3	4.8	3,7	3,2
— 20 à 25 —..	7,3	6,5	4,8	4,7
— 25 à 30 —..	7,2	7,3	5,6	5,4
— 30 à 35 —..	9,7	8,3	6,9	6,0
— 35 à 40 —..	14,2	9,5	9,5	6,7
— 40 à 45 —..	18,2	11,3	13,9	8,0
— 45 à 50 —..	22,5	14,3	18,2	9,8
— 50 à 55 —..	29,0	17,3	24,5	12,3
— 55 à 60 —..	36,5	22,3	32,4	18,5
— 60 à 65 —..	50,8	32,3	45,3	26,3
— 65 à 70 —..	65,4	47,8	61,9	41,5
— 70 à 75 —..	96,4	68,0	90 4	64,7
— 75 à 80 —..	136,5	112,1	124,3	97,1
— 80 à 85 —..			180,9	144,3
— 85 à 90 —..	256,5	202,7	239,6	229,3
— 90 à 95 —..			339,7	359,4
— 95 à 100 —..			0	

On voit que la mortalité de tous les groupes d'âges est beaucoup plus basse à Berlin qu'à Paris, à l'exception toutefois du groupe d'âge de 0 à 1 an, qui ressort notablement plus élevé à Berlin.

Faut-il en conclure que l'intensité de mortalité des enfants de moins d'un an est plus basse à Paris ? Ce serait là une très grave erreur, qui a été cependant commise par nombre de statisticiens.

En nous rapportant au tableau de la page nous voyons que dans le groupe de 0 à 1 an toutes les catégories ou sous-groupes ne sont pas soumis à la même mortalité : très élevée les premiers jours qui suivent la naissance, la mortalité baisse progressivement au fur et à mesure qu'on approche vers la fin de la première année. Or sur 1.000 enfants âgés de 0 à 1 an, il y a beaucoup plus d'enfants âgée de peu de jours ou de peu de semaines à Berlin, non seulement parce que la natalité y est plus élevée, mais encore parce que l'immense majorité des enfants parisiens envoyés en nourrice est constituée par des enfants très jeunes, soumis par suite à une mortalité très élevée, mortalité qui figure, nous le savons, sur les mortuaires des campagnes. Lors même que la dîme mortuaire de tous les sous-groupes constituant le groupe d'âge de 0 à 1 an serait égale dans les deux villes, la mortalité totale de ce groupe d'âge serait plus élevée à Berlin, du seul fait que la valeur proportionnelle des catégories infantiles soumises à une très forte mortalité est plus élevée à Berlin qu'à Paris.

C'est dire que tous les chiffres soit absolus, soit relatifs ayant trait à la mortalité (et par suite à la morbidité) infantile de la ville de Paris sont de beaucoup inférieurs à la réalité; qu'ils sont privés de signification qu'à tort on leur attribue et qu'ils ne se prêtent en aucune façon aux études comparatives.

L'exemple suivant nous montre combien sont risquées les déductions basées sur ces chiffres.

Sur 1.000 naissances et 1.000 décès de 0 à 1 an, combien d'illégitimes à Paris et Berlin (1902)?

	Sur 1.000 naissances	Sur 1.000 décès de 0 à 1 an
PARIS.......	283 illégitimes	305 illégitimes
BERLIN.....	139 —	236 —

Alors que le coefficient de la natalité illégitime (par rapport à 1.000 naissances totales) est de 100 0/0 plus bas à Berlin qu'à Paris, le coefficient de la mortalité illégitime des enfants de 0 à 1 an (sur 1.000 décès totaux de cet âge) ne serait à Berlin que de 30 0/0 à peine inférieure, ce qui indiquerait une intensité de mortalité illégitime beaucoup plus basse à Paris qu'à Berlin. Cette déduction ne serait exacte que si les enfants illégitimes quittaient Paris dans la même proportion que les légitimes, ce qui n'est pas le cas : nous avons vu plus haut que la proportion des premiers est beaucoup plus considérable que celle des derniers (1).

En présence de chiffres inexacts et notablement

(1) Voir note p. 680.

inférieurs aux réels de décès infantiles de la ville de Paris et tout particulièrement de 0 à 1 an, il est rationnel, pour déterminer la mortalité exacte, de faire abstraction du groupe d'âge de 0 à 1 an et des décès qu'il accuse et de ne tenir compte que de la population âgée de plus d'un an. Nous aurons ainsi écarté une cause d'incertitude et une source d'erreur ; ce procédé nous permettra, en outre, comme il a été démontré (voir p. 677) de nous faire une idée plus précise de l'*intensité* réciproque des mortalités des villes de Paris et de Berlin.

Sur 1.000 habitants âgés de 1 à 100 ans et plus, combien de décès à Paris et Berlin en 1902 (1) ?

PARIS............	16,9
BERLIN	11,5

Abstraction faite du groupe d'âge de 0 à 1 an, la mortalité de la ville de Berlin est en 1902 de 47 0/0 plus basse que celle de la ville de Paris. Dans la période 1898-1902, cette différence dépasse 45 0/0, chiffre que nous avons trouvé plus haut par un procédé différent. En évaluant le nombre de décès manquant dans les mortuaires de Paris à 6.500 nous étions peut-être au-dessous de la vérité, mais certainement pas au-dessus.

En résumé le budget humain se présente à Paris et à Berlin de la façon suivante :

(Période 1898-1902)

	Naissances annuelles	Décès annuels	Excédents de Naissances	Excédents de décès
PARIS........	59.586	60.000	0	414
BERLIN	49.665	32.966	16.799	0

Le budget s'équilibre donc à Paris par un excédent de plus de 400 décès et à Berlin par un excédent de 16.799 naissances. Sans l'immigration — française et étrangère — Paris se dépeuplerait : l'accroissement de la population de près de 30.000 par an est dû exclusivement à l'immigration qui, en outre, remplit les vides créés par les excédents de décès. L'accroissement de la population de Berlin, de plus de 30.000 par an, est dû pour 55 p. 100 aux excédents de naissances et pour 45 p. 100 à l'immigration.

(*A suivre.*)

DÉMOGRAPHIE

État Sanitaire et Démographie comparés des Villes de Paris et de Berlin (1)

PAR

Le Dr LOWENTHAL,
Membre de la Commission extra-parlementaire
de la Dépopulation.

IV

L'état sanitaire de Paris est donc, d'après ce que nous avons établi, et contrairement à ce qu'on s'imagine généralement, lamentable : lamentable en lui-même et par lui-même, puisqu'il se traduit par des excédents de décès ; lamentable encore relativement à celui de Berlin, dont l'*intensité* de mortalité, nous l'avons vu, est de beaucoup inférieure à celle de Paris. Cela ressort de l'étude rationelle de la mortalité générale ou proportionnelle. Cela ressortirait avec une plus grande évidence encore de l'étude comparée des morbidités et mortalités par maladies infectieuses ou évitables.

Malheureusement plusieurs circonstances rendent cette étude tout au moins dans son ensemble pour ainsi dire impossible.

En France, comme en Prusse, la déclaration d'une certaine catégorie de maladies contagieuses : la rougeole, scarlatine, fièvre typhoïde, diphtérie, variole, choléra, etc., est obligatoire. En France cette obligation est consacrée par les lois du 30 novembre 1892 et du 15 février 1902 ; en Prusse (2) par les lois du 21 mars 1850 et du 20 septembre 1867 (*Gesetz über allgemeine Landesverwaltung*) complétées par un certain nombre de décrets spécifiant les maladies à déclarer et les mesures de prophylaxie à prendre.

Comment ces lois sont-elles appliquées à Paris et à Berlin ?

En ce qui concerne la ville de Berlin, la réponse du service de statistique est on ne peut plus catégorique. Selon M. le professeur Hirschberg, la loi est mal appliquée, de plus en plus mal appliquée et les chiffres donnés par les médecins traitants sont notablement inférieurs aux réels. « Die Meldungen in infektiösen Krankheiten sind notorisch unvollständig, und zwar in erhöhten Masse in den letzten Jahren » (3). C'est ainsi, par exemple, que dans la période 1885-1902 sur 6.426 décès rubéoliques constatés par les mé-

decins de l'état-civil on compte 2.360 seulement dont l'affection a été déclarée ; pour la scarlatine les chiffres correspondants sont de 6.896 et 4.389 ; la diphtérie 19.361 et 14.762 ; la fièvre puerpérale 2.104 et 1.302, etc. En se basant sur la mortalité clinique des cas déclarés. M. le professeur Hirscherg arrive aux chiffres suivants :

Nombre de cas de rougeole, scarlatine, diphtérie, fièvre puerpérale et fièvre typhoïde déclarés par le médecin traitant et calculés d'après les décès constatés par le médecin de l'état civil. Ville de Berlin, période 1885-1902.

	Rougeole	Scarlatine (1)	diphtérie (2)	Fièvres puerpérale	Fièvres typhoïde (3)
Cas déclarés..	53.927	43.197	75.519	3.178	12.349
— calculés..	135.299	66.111	94.152	5.364	19.418

A Berlin 60 0/0 à peine des cas de maladies déclarables sont déclarés. Or rien ni personne ne nous dit que les déclarations sont faites avec plus d'exactitude à Paris. L'exemple suivant prouve, au contraire, qu'il convient d'accepter avec la même réserve les chiffres de Paris que ceux de Berlin. En 1902 on a enregistré à Paris 191 décès des suites de septicémie puerpérale, dont 146 de femmes habitant Paris ; la même année le chiffre des cas déclarés de septicémie fut de 154. En admettant même que dans ce total ne figurent que les femmes habitant Paris, la mortalité clinique de septicémie aurait été de 950 0/00 (146 décès sur 154 cas) taux aussi effrayant qu'invraisemblable. Or, la même année 1902, la mortalité clinique de cette affection a été dans les hôpitaux de Paris de 650 0/00 (111 décès sur 171 cas) et pour la population totale de Berlin de 358 0/00 (108 décès sur 302 cas, chiffre rectifié). En adoptant, comme taux vraisemblable de mortalité, la moyenne de ces derniers chiffres soit 500 0/00, on arrive à déterminer le nombre de cas de septicémie pour la ville de Paris à 290 environ (chiffre officiel 154).

Dans l'étude comparée de mortalité — maladies infectieuses, nous nous heurtons à des difficultés non moins grandes, quoique d'un autre ordre.

Et d'abord la statistique nosologique des décès de la ville de Berlin diffère en certains points de celle adoptée à Paris. C'est ainsi, par exemple, que dans la mortalité rubéolique, la statistique berlinoise distingue la mortalité rubéolique proprement dite (Masern) et celle de la rougeole compliquée de pneumonie (Lungenentzundung nach Masern) ; de même dans la scarlatine : scarlatine proprement dite (Scarlach) et diphtérie compliquée de scarlatine (Scarlach Rachenbräune). Etant donné cette classi-

---

(1) Voir la *Revue Scientifique* du 25 novembre et 2 décembre 1905.

(2) PALMBERG. *Traité d'Hygiène Publique*, p. 395 et suivantes.

(3) *Statistisches Jahrbuch der Stadt Berlin des Jahre 1900 bis 1902*, p. 121.

(1) Ici compris la diphtérie-scarlatine.
(2) La diphtérie-scarlatine non comprise.
(3) Ici compris la fièvre gastrique.

fication, les mortalités rougeole et scarlatine se trouvent majorées, celle de pneumonie et de diphtérie diminuées d'autant. A Paris, les distinctions ci-dessus n'existent pas : les décès rougeole-pneumonie et scarlatine-diphtérie sont attribués les premiers soit à la rougeole, soit à la pneumonie, les seconds soit à la scarlatine, soit à la diphtérie, selon l'inspiration du médecin, selon la prédominance des symptômes ou bien selon la succession des affections. Il en résulte que quatre maladies infectieuses des plus fréquentes, la rougeole, la diphtérie, la scarlatine et la pneumonie ne sont pas absolument comparables de Berlin à Paris. La dernière affection, la pneumonie, n'est même pas comparable du tout, parce que la pneumonie parisienne n'est pas la même que la pneumomie berlinoise. A Berlin, elle comprend en très grande partie la broncho-pneumonie, qui ne figure pas dans la statistique nosologique et dont un certain nombre de cas sont attribués à la bronchite chronique (Chron. Bronchialkatarrh). A Paris, au contraire, nous distinguons la pneumonie proprement dite de la broncho-pneumonie, celle-ci extrêmement fréquente chez les enfants en bas âge et relativement rare chez les adultes ; celle-là très fréquente chez les adultes, mais relativement rare chez les enfants.

Les chiffres du tableau suivant que nous avons pris pour exemple ne se prêtent évidemment à aucune espèce de comparaison : les différences qu'ils accusent tiennent non pas à l'état sanitaire différent, mais aux différences de classification et de nomenclature.

Décès de pneumonie, broncho-pneumonie, bronchite aiguë et chronique à Paris et à Berlin en 1902 : population infantile de 0 à 1 an.

	PARIS	BERLIN
Pneumonie	79	854
Broncho-pneumonie	735	0
Bronchite chronique	10	197
Bronchite aiguë	274	29

Mais la principale difficulté n'est pas là : elle réside essentiellement dans cette circonstance, dont nous avons parlé plus haut, que les mortuaires de la ville de Paris se trouvent diminués, du fait de l'industrie nourricière et de l'exode des enfants, de 6.500 décès environ, soit 5.500 des enfants âgés de 0 à 1 an et 1.000 des enfants âgés de 1 à 5 ans. Or, l'immense majorité des décès des enfants de 0 à 1 an et une très grande partie des décès d'enfants de 1 à 5 ans sont dus aux maladies infectieuses. D'autre part un très grand nombre de maladies infectieuses prélèvent leur tribut principal sur la population infantile âgée de 0 à 5 ans, cette population, précisément, qui est au complet à Berlin, mais dont une fraction importante se trouve hors Paris.

Décès totaux et ceux des enfants âgés de 0 à 5 ans, par les principales maladies infectieuses. Ville de Berlin, année 1902. (Chiffres absolus et proportionnels.)

	Décès totaux	Dont enfants de 0 à 5 ans	
		Chiffres absolus	Pour 0/0
Scarlatine (Scarlach. Scarl.-Diph.)	272	158	56,0
Méningite simple (Hirnhautentzündung)	461	296	64,6
Diphtérie, croup (Rachenbräune, Croup)	226	152	67,2
Méningite tub. (Tuberk. Hirnhautentz)	196	136	70,0
Rougeole (Masern. Lungentz. nach Mas.)	373	358	93,0
Gastro-entérite (Magen-Darmkatarrh)	870	824	94,7
Coqueluche (Keuchhusten)	517	501	97,0
Diarrhée (Durchfall)	961	939	97,7
Choléra nostras (Brechdurchfall)	700	691	98.7
Rachitisme (Englische Krankheit)	415	415	100.0
Athrepsie (Lebenschwaeche der Neugeborenen)	2 155	2.155	100,0
Varicelle (Windpocken)	8	8	100,0

Si la comparaison est difficile en ce qui concerne les pneumonie, broncho-pneumonie, bronchites aiguë et chronique, par suite, surtout, de la différence de classification et de nomenclature, elle est impossible pour la scarlatine, les méningites simple et tuberculeuse, les diphtérie, croup, rougeole, gastro-entérite, coqueluche, diarrhée, choléra nostras, rachitisme, athrepsie, varicelle, soit douze affections dont nous possédons la *totalité* des décès à Berlin et une *partie* seulement pour la ville de Paris. On pourrait, il est vrai, tourner la difficulté, en rapportant les décès par chacune de ces douze affections aux groupes d'âge et non pas à la population entière. Mais ici surgissent trois nouveaux obstacles qui rendent la chose impossible : 1° le chiffre de la population infantile de 0 à 1 an de la ville de Paris tel qu'il ressort du dénombrement est inexact et au-dessus de la réalité : nous en avons parlé plus haut, il est donc inutile d'y insister de nouveau ; 2° la composition du groupe d'âge de 0 à 1 an n'est pas la même à Paris et à Berlin : dans cette dernière ville les éléments à haute mortalité — à haute mortalité-maladies infectieuses s'entend — sont proportionnellement bien plus nombreux qu'à Paris (voir plus haut p. 711) ; il en est de même du groupe d'âge de 1 à 5 ans ; la proportion des enfants de 1 à 2 ans, soumis à une mortalité plus haute que celle des enfants de 3, 4 et 5 ans, est plus grande à Berlin qu'à Paris (par suite de l'industrie nourricière) ; et 3° dans la statistique nosologique de décès par groupes d'âge de la ville de Paris ne figurent que les décès des personnes domiciliées à Paris, à l'exclusion de celles domiciliées hors Paris : cette distinction, nous l'avons vu, n'existe pas à Berlin.

Ainsi donc, le parallèle entre Paris et Berlin au

point de vue de la mortalité-maladies infectieuses n'est possible et rationnel que pour les affections, dont les ravages parmi les enfants de 0 à 5 ans sont nuls ou assez peu importants pour qu'on puisse les négliger. Ces affections se réduisent à quatre :

1° FIÈVRE TYPHOIDE. — *Décès typhoïdes à Paris et à Berlin, durant la dernière période quinquennale 1898-1902 : (chiffres absolus et relatifs)* (1)

| | PARIS Décès | | BERLIN Décès | |
	Totaux	p. 10.000 h.	Totaux	p. 10.000 h.
1898......	306	1,2	78	0,4
1899......	899	3,6	• 74	0,4
1900......	1.013	4,0	109	0,6
1901......	421	1,6	88	0,5
1902......	420	1,6	52	0,3
Moy. ann.	612	2,3	80	0,4

En moyenne la mortalité typhoïde de la ville de Berlin est de 475 0/0 plus basse que celle de la ville de Paris.

2° VARIOLE. — *Décès, période 1898-1902.*

| | PARIS Décès | | BERLIN Décès | |
	Totaux	p. 10.000 h.	Totaux	p. 10.000 h.
1898......	5	0,02	0	0
1899......	4	0,02	0	0
1900......	271	1,08	0	0
1901......	487	1,88	3	0,016
1902......	115	0,43	0	0
Moy. ann.	176	0,67	0,6	0,004

En moyenne la mortalité par variole de la ville de Berlin est de 16.650 0/0 plus basse que celle de Paris. Cependant si l'on tient compte des décès par varicelle (Windpocken) enregistrés à Berlin (moyenne annuelle 11,2 (1), affection qui ne figure pas dans la statistique nosologique de Paris et en admettant que les décès par varicelle sont confondus à Paris avec ceux par variole, la mortalité variole-varicelle de la ville de Berlin (0,06 pour 10.000 habitants) est de 1.000 0/0 plus basse que celle de Paris, chiffre inférieur au réel, étant donné que la varicelle fait exclusi-

---

(1) Les décès sont rapportés, à Paris et à Berlin, aux chiffres respectifs suivants (à Paris, population de fait et recensée; à Berlin, population annuelle moyenne calculée).

	PARIS	BERLIN
1898.........	2.571.201 hab.	1.774.628 hab.
1899.........	2.600.987 —	1.820.289 —
1900.........	2.630.773 —	1.861.779 —
1901.........	2.660.559 —	1.890.564 —
1902.........	2.690.345 —	1.903.808 —
Moy. ann...	2.630.773 —	1.850.813 —

(2) Décès par varicelle à Berlin :

1898...........	13
1899...........	4
1900...........	15
1901...........	16
1902...........	8

vement des victimes parmi les enfants âgés de 0 à 5 ans.

3° FIÈVRE PUERPÉRALE. — *Décès, période de 1898-1902.*

| | PARIS Décès | | BERLIN Décès | |
	Totaux	p. 10.000 h.	Totaux	p. 10 000 h.
1898......	113	0,38	77	0,43
1899......	128	0,51	106	0,58
1900......	126	0,50	104	0,55
1901......	157	0,59	133	0,71
1902......	191	0,72	105	0,55
Moy. ann.	143	0,54	105	0,56

La mortalité moyenne par fièvre puerpérale est un peu plus élevée à Berlin qu'à Paris; à Paris comme à Berlin on observe une marche ascendante de la mortalité, particulièrement prononcée à Paris.

4° *Tuberculose.* — Entre toutes les manifestations de cette « peste moderne » nous avons choisi la phtisie pulmonaire, non seulement parce qu'elle est la plus importante, mais encore parce que seule elle se prête à une comparaison. Certaines formes, en effet, la méningite tuberculeuse, frappent tout particulièrement la population infantile âgée de 0 à 5 ans; or les chiffres de décès — suite de cette affection — qu'accusent les mortuaires parisiens, sont au-dessous de la vérité; pour les autres manifestations tuberculeuses le classement de la statistique nosologique de Paris ne correspond pas au classement de Berlin : c'est ainsi que jusqu'à l'année 1900 la première méconnaît la tuberculose abdominale, dont un certain nombre de décès étaient classés soit dans la péritonite tuberculeuse, soit dans la tuberculose « d'autres organes »; c'est ainsi encore que dans la statistique berlinoise il n'existe pas de rubrique consacrée aux « tuberculose d'autres organes » et « tuberculose généralisée ».

Quelques mots sur cette dernière. En nous rapportant aux statistiques parisiennes pour la dernière période quinquennale 1898-1902 nous voyons que les chiffres de décès du fait de la tuberculose généralisée fort élevés en 1898, 1899 et 1900, respectivement 1.116, 937 et 1.235 ont brusquement baissé en 1901 et 1902 à 180 et 190. Cette baisse — toute artificielle on le devine — est due à ce fait que jusqu'à l'année 1901 les bulletins de décès portant « tuberculose » sans siège indiqué étaient attribués par le service de la statistique à la « tuberculose généralisée ». Depuis, par une décision récente, les décès de « tuber-

---

(1) Il serait plus logique de rapporter les décès par fièvre puerpérale soit aux femmes accouchées (prématurément ou à terme) soit à la totalité des femmes âgées de 15 à 50 ans. Nous les avons rapportés à la population entière : 1° le nombre exact des femmes accouchées à terme est connu mais celui d'accouchées prématurément ne l'est pas; 2° le chiffre de femmes âgées de 15 à 50 n'est exact que pour l'année de dénombrement.

culose » sans autre explication, au nombre de 811 en 1901 et 874 en 1902, ont été classés avec beaucoup de raison sous la rubrique de « phtisie pulmonaire ». Pour avoir des données comparables nous avons restitué à la tuberculose généralisée et à la phtisie pulmonaire pour les années 1898, 1899 et 1900, les décès qui, respectivement, leur sont dus ; or la moyenne de décès par tuberculose généralisée étant en 1901 et 1902 de 190, nous croyons être équitable en attribuant à la tuberculose généralisée une moyenne de 200 décès pour la période 1898-1900.

1° Décès par phtisie pulmonaire à Paris et à Berlin durant la dernière période quinquennale 1898-1902.

(Chiffres absolus et relatifs).

	PARIS Décès		BERLIN Décès	
	totaux	p. 10.000 h.	totaux	p. 10.000 h.
1898....	11.179	43,5	3.789	21,4
1899....	11.320	43,5	4.180	22,9
1900....	11.794	44,4	4.571	24,5
1901....	11.503	43,2	4.403	23,3
1902....	11.405	42,9	4.142	21,2
Moy. ann.	11.440	43,5	4.217	22,7

La mortalité phtisie pulmonaire de là ville de Berlin est de 90 0/0 en moyenne plus basse que celle de la ville de Paris.

Sur 1000 décès totaux combien sont dus à la phtisie pulmonaire à Paris et à Berlin ?

Période 1898-1902 ; moyenne annuelle.

	Décès totaux	Décès par phtisie pulmonaire.	
		Chiffres absolus	p. 0/00.
PARIS.....	53.702	11.440	218
BERLIN....	32.961	4 217	128

Sur 1000 décès totaux 213 reviennent à la phtisie pulmonaire à Paris et 128 seulement à Berlin.

V

Arrêtons ici notre parallèle et voyons sous quel aspect se présente la tuberculose à Paris.

Dans son lumineux rapport sur les travaux de la Commission de la tuberculose en 1900, M. le professeur Brouardel s'exprimait de la façon suivante : « Il n'est pas contestable que l'habitation insalubre celle notamment qui est humide et privée de lumière ou insuffisamment éclairée, constitue un milieu dans lequel se développe facilement le bacille de Koch.

« Dans l'exposé de la question que M. le Président du Conseil m'avait demandé de présenter à la Commission, j'avais fait remarquer que s'il y a des villes dans lesquelles la mortalité tuberculeuse est particulièrement élevée, ces villes ne constituent pas un bloc, dont toutes les parties sont uniformément atteintes, mais qu'en analysant les résultats fournis par la statistique on trouve dans la ville des arrondissements plus cruellement frappés, dans ces arrondissements des quartiers relativement sains à côté d'autres à forte mortalité tuberculeuse et j'ajoutais que nous étions ramenés des gros foyers villes, aux foyers de quartiers et en dernière analyse à la maison insalubre (1). »

S'inspirant des paroles de l'éminent hygiéniste M. P. Juillerat (2), le très distingué et très dévoué chef du bureau de l'Assainissement de l'habitation, le créateur du casier sanitaire des maisons de Paris, a entrepris une enquête sur la façon dont est répartie la mortalité tuberculeuse à Paris. Cette enquête a porté sur 11 années, du 1er janvier 1894 au 31 décembre 1904, durant lesquelles on a enregistré 101 946 décès de tuberculose sous toutes ses formes (abstraction faite des décès de personnes habitants hors Paris) et sur la totalité des maisons parisiennes, au nombre de 80.000 environ. Elle a permis de classer ces dernières en 4 groupes.

1° Comprend plus de 40.000 maisons ne comptant pas de décès tuberculeux.

2° Maisons dans lesquelles il a été relevé un nombre de décès inférieur à 5 pendant la période étudiée. Elles sont considérées par l'auteur de l'enquête comme non infectées, la tuberculose n'y ayant fait que des apparitions intermittentes séparées par des périodes de 2 à 3 ans. Ces maisons sont au nombre de 34.214 et présentent un total de 63.487 décès, moins de deux décès par maison en onze ans.

3° Comprend les maisons ayant présenté 5 décès au moins et 9 au plus. Pour ce groupe les présomptions d'infection permanente s'accroissent : la tuberculose y semble fixée ou tout au moins tend à y devenir endémique ; elles constituent déjà ou sont au moins en voie de constituer de véritables foyers. Leur nombre s'élève à 4.443 avec un total de 26 509 décès.

4° De beaucoup plus important au point de vue de l'intensité de la mortalité tuberculeuse, se compose de maisons comptant 10 décès et plus. Là, dans

---

(1) Nous avons compris dans la phtisie pulmonaire pour la ville de Berlin : *a.* Lungenschwindsucht (phtisie pulmonaire proprement dite) ; *b.* Lungenleiden (affections pulmonaires) et *c.* Abzehrung (consomption). En voici les chiffres détaillés pour la période 1898-1902.

	1898	1899	1900	1901	1902
Lungenschwindsucht.	3.553	3.988	4.346	4.139	3.893
Lungenleiden........	200	164	204	253	235
Abzehrung	36	28	21	11	14
	3.789	4.180	4.571	4.403	4.142

(1) P. BROUARDEL. Travaux de la commission contre la tuberculose. Rapport général. Paris, 1900.

(2) Voir les rapports au Directeur des affaires municipales du 20 décembre 1904 et 20 mars 1905. Manuscrit inédit.

l'immense majorité des cas, nous nous trouvons en présence de foyers parfaitement caractérisés : la tuberculose y a causé en effet des ravages permanents depuis onze ans, elle n'y est pas un accident isolé ; on peut donc les considérer comme des maisons nettement tuberculeuses. Le nombre en est de 820 avec 11.500 décès en onze ans.

Il résulte des chiffres ci-dessus que sur 101.496 décès tuberculeux répartis dans 39.477 maisons :

a. 38.009 décès, soit 38 0/0 des décès totaux se sont produits dans 5.263 maisons des 3e et 4e groupes représentant 7 0/0 du nombre total des maisons parisiennes, et 14 0/0 du nombre des maisons atteintes.

b. 11.500 décès, soit 11 0/0, reviennent aux 820 maisons du 4e groupe, qui constitue 1,0 0/0 de la totalité des maisons et 2,1 0/0 des maisons atteintes.

Si, d'autre part, on considère dans les deux derniers groupes la mortalité par rapport à la population des maisons atteintes, on arrive aux chiffres que voici :

a. Pour l'ensemble des deux derniers groupes de 5.263 maisons avec une population de 426.676 habitants, on compte 38.009 décès en onze ans, soit 3.455 décès — moyenne annuelle, — soit encore une mortalité de 81,2 pour 10.000 habitants ; la mortalité tuberculeuse pour l'ensemble de la population parisienne est de 49,5 pour 10.000 habitants.

b. Le 4e groupe tout seul, composé de 820 maisons avec 106.300 habitants, revendique 11.500 décès en onze ans, ou 1.045 décès par an, soit une mortalité moyenne annuelle de 98,3 p. 10.000 habitants.

c. Sur les 820 maisons du 4e groupe, 195 sont des hôtels garnis avec 13.630 habitants ; ils ont fourni 2.888 décès, soit une mortalité annuelle moyenne de 200 pour 10.000 habitants.

d. Parmi les 195 hôtels garnis, 61 avec 2.209 habitants ont enregistré, en dix ans, 706 décès tuberculeux, soit une mortalité annuelle moyenne de 319,6 pour 10.000 habitants.

e. Un groupe d'hôtels garnis, situé rue Brisemiche avec 129 habitants, a enregistré, en dix ans, 55 décès tuberculeux, soit une mortalité annuelle moyenne de 441,9 pour 10.000 habitants.

f. Tel hôtel garni situé dans la rue Quincampoix, avec 60 habitants, a enregistré, en dix ans, 67 décès, soit une mortalité annuelle moyenne de 1.116 pour 10.000 habitants (1).

Se basant sur les chiffres ci-dessus, M. Juillerat

arrive aux conclusions qui peuvent être résumées de la façon suivante :

Il est permis de considérer la mortalité du second groupe de maisons comme indépendante des causes spéciales qui ont pu agir dans les deux derniers groupes ; c'est la mortalité normale contre laquelle on ne peut lutter que par les progrès de l'hygiène générale. Si donc il était possible de retrancher de la population totale de Paris celle qui, au nombre de 426.676 hab., est soumise aux influences particulières des maisons des groupes 3 et 4, il resterait 2.233.883 habitants, soumis à la mortalité tuberculeuse normale, soit 25,8 pour 10.000 habitants. Or la mortalité tuberculeuse de Paris étant de 49,5 par 10.000 habitants, le gain ainsi obtenu serait donc de 23,7 pour 10.000 habitants.

« Supposons un instant que les études entreprises aboutissent à la disparition de ces foyers morbides. Pourrait-on affirmer que le gain qui en résulterait serait limité au chiffre de 23,7 0/000 que nous donne l'hypothèse envisagée plus haut ? Étant donnée l'influence qu'exerce sur l'état sanitaire des maisons voisines la présence de ces gros foyers, jusqu'où pourrait s'étendre l'effet de leur disparition ? Il serait téméraire de formuler un chiffre !... »

En résumé, M. Juillerat voit le salut de la population parisienne, littéralement décimée par la tuberculose, dans l'expropriation, dans la démolition des îlots insalubres comprenant le 3e et le 4e groupe de maisons parisiennes donnant asile à 426.676 habitants et dans l'édification à leur place de maisons salubres aérées et ensoleillées.

C'est là une illusion certes très généreuse, mais aussi, je le crains, bien dangereuse et qu'il importe au plus haut point de dissiper.

La thèse que nous venons d'exposer ne serait juste et fondée que s'il était démontré que les données concernant les maisons à mortalité tuberculeuse nulle ou normale sont exactes et que la mortalité en vérité effrayante des îlots infectés est *entièrement* imputable à ces îlots et rien qu'à ces îlots. Ceci démontré, il resterait encore à nous fixer sur l'avenir réservé aux 426.676 habitants expropriés. Du fait de leur expropriation ou plutôt de leur expulsion des maisons insalubres, seront-ils désormais à l'abri de la contagion tuberculeuse ? Et que fera-t-on de ce demi-million d'habitants ? Où les enverra-t-on loger ? Les nouveaux locaux qu'ils auront à leur disposition auront-ils plus d'air et de lumière puis qu'aussi bien M. Juillerat attribue — et avec raison — les ravages de la tuberculose au manque d'air et de lumière ?

Les foyers tuberculeux peuvent être rangés en deux catégories : foyers actifs et foyers passifs. Foyer actif, par exemple, cette étude de notaire pa-

---

(1) Les proportions que nous donnons, d'après le rapport de M. Juillerat, ne seraient exactes que si les locataires des maisons de rapport ou des hôtels garnis habitaient leurs locaux respectifs, une année entière. Or, ce n'est pas le cas surtout pour les hôtels garnis, dont la population est essentiellement flottante et qui se renouvelle plusieurs fois en une seule année.

risien, citée par le professeur Brouardel (1), où dans l'espace d'un an, on a pu constater six cas de tuberculose aiguë : mais foyers passifs les maisons respectives d'habitation, au dépens desquels les décès ont été portés par l'administration. Foyer actif ce bureau cité par M. le Dʳ Marfan (2), où travaillent 22 employés et dont 13 succombèrent de phtisie en 4 ans. Mais foyers passifs les locaux qu'habitaient les employés décédés. Foyer actif cette belle maison parisienne citée par M. le Dʳ Daremberg (3) — et qui dans la statistique administrative figure peut-être parmi les maisons à tuberculose nulle — où dans un réduit malsain du sixième réservé à la domesticité trois bonnes ont successivement contracté la tuberculose ; mais foyers passifs les lieux — garni, hôpital ou maison familiale à la campagne — où ont échoué les malheureuses créatures prudemment congédiées par leur maître.

Foyers actifs ces locaux invraisemblables où sont relégués les domestiques de bonnes maisons et dont M. le professeur Brouardel nous a donné une description saisissante : « Vous savez, messieurs, ce que sont, dans ces maisons à aspect si confortable, les chambres qui, au sixième ou au septième étage, sont réservées aux domestiques : ce sont le plus souvent des pièces de 2 mètres à 2 m. 50 de côté sur 2 mètres de haut, sans cheminée, n'ayant pour donner de l'air ou de la lumière qu'un simple vasistas ; le plafond à pan coupé retire encore du cubage d'air ; l'été l'atmosphère y est surchauffée par le soleil, qui darde ses rayons sur le zinc du toit ; l'hiver on y gèle. C'est là que les domestiques — le plus souvent les jeunes filles — à peine acclimatées à la ville, habituées au grand air de la campagne, sont obligées de se reposer des fatigues de la journée : elles dorment mal, sont surmenées ; au bout de quelques mois, elles sont anémiques, après un an, elles sont tuberculeuses (4)... »

Foyers actifs ces ateliers, usines et fabriques, où dans des conditions d'hygiène des plus détestables, dans une atmosphère imprégnée de miasmes toxiques travaillent l'ouvrier et l'ouvrière modernes ; où pour des raisons d'économies à réaliser, de dividendes à distribuer ou d'équilibre budgétaire à sauvegarder, tout souci de la santé et de l'existence humaine semble complètement banni ; et où les générations d'ouvriers contractent la tuberculose et en meurent... ailleurs.

Foyers actifs de tuberculose ces poste de police, ou

bureaux de poste et de télégraphe et autres lieux administratifs où, à peu d'exception près, règne la malpropreté la plus sordide ; où les murs et les parquets sont couverts de couches épaisses de boue, de poussière et de crachats, où l'air est absent, où le soleil n'entre jamais et où sévit la tuberculose à l'état endémique et épidémique.

Oui certes il est d'un grand intérêt de connaître et de supprimer par tous les moyens en notre pouvoir les foyers passifs, qui souvent à leur tour deviennent actifs, d'une activité d'autant plus intense que les conditions hygiéniques sont plus déplorables ; mais aussi il est de l'intérêt primordial de connaître et de supprimer, si possible, les foyers actifs de tuberculose, sans quoi tous nos efforts resteront vains. Eh bien, la très grande majorité des foyers actifs échappent à la statistique administrative.

Dans la classification de M. Juillerat il y a quelque chose qui trouble et qui rend sceptique, c'est le nombre considérable de maisons indemnes de tuberculose : elles sont, nous le savons, plus de 40.000, soit une proportion de plus de plus de 50 0/0 qui *durant onze années consécutives* n'ont accusé un seul décès tuberculeux : proportion invraisemblable, lorsqu'on sait que la tuberculose, plus encore que toutes les autres maladies infectieuses, sévit sur toutes les classes de la société, n'épargnant aucune. A telle enseigne que le regretté professeur Potain affirmait — ce qui nous semble inexact — que les riches en sont ravagés comme les pauvres. Ces 40.000 maisons à casier sanitaire vierge présentent combien d'habitants privilégiés ? Nous ne le savons pas, parce qu'on ne nous le dit pas, de même, d'ailleurs, que nous ne connaissons pas le nombre d'habitants des 34.214 maisons à mortalité tuberculeuse relativement faible. Ce que nous savons, c'est que l'ensemble de ces deux groupes forme près de 75.000 maisons occupées par 2.233.883 habitants — soit à à peine 30 habitants par maison — contre 5.263 maisons à mortalité grande et très grande avec 426.676 habitants, soit plus de 80 habitants par maison.

Cette différence de coefficients d'agglomération nous fait deviner aisément la composition respective des quatre groupes ci-dessus. Les premier et deuxième groupes, à mortalité nulle et faible, sont composés, pour l'immense partie, mais dans une proportion inégale ; 1º d'hôtels particuliers et de maisons habitées par les classes très riches, riches et aisées, demeures de luxe et de confort, visitées plus souvent qu'on ne se l'imagine par la tuberculose, mais où on en meurt qu'exceptionnellement, soit parceque les tuberculeux de cette catégorie vont se soigner, et mourir ailleurs ; soit, parce que dans ce milieu il advient comme par miracle que la tuberculose aiguë se métamorphose en une vulgaire grippe,

---

(1) P. Brouardel. *Prophylaxie de la tuberculose*, in. lec.
(2) Cité par Daremberg. *Traitement de la phtisie pulmonaire*, t. I, p. 53.
(3) Daremberg, *loc. cit.*
(4) P. Brouardel, in An. d'*Hygiène pub. et Méd. professionnelle*, année 1900, p. 398.

la méningite tuberculeuse en une méningite simple ; la phtisie pulmonaire en une bronchite chronique etc., etc. ; 2° d'immeubles peu ou pas habités, tels par exemple, que grands magasins, grandes administrations privées ou publiques, entrepôts, théâtres, gares, établissements d'enseignement de toute nature, fabriques, usines, ateliers, tous lieux infectés à l'état endémique, mais qui échappent à la statistique, qui rapporte les décès aux domiciles des décédés, et non pas aux établissements où ils travaillent, ni où ils exercent leur profession. Or, dans l'immense majorité des cas, le personnel de la majorité de ces établissements se trouve logé, précisément, dans les maisons qui composent les troisième et quatrième groupes, à mortalité intense et très intense, dont on peut dire ce qu'on a dit, à tort d'ailleurs, des casernes : on y contracte la tuberculose au moins aussi souvent qu'on l'y apporte. La suppression des îlots insalubres de Paris ne pourra donc avoir de résultat, — en admettant que résultat il y aura — que la suppression de foyers secondaires, ce qui ne serait certes pas négligeable : les foyers actifs ou tout au moins la plus grande majorité de ces derniers, ceux qui se trouvent en dehors des îlots désignés, resteront intacts. Mais, même ce résultat partiel ne sera pas atteint, car je connais la façon de faire de la Ville de Paris, et je m'en méfie et je prévois que la suppression des troisième et quatrième groupes de maisons, si l'on y arrive, ne supprimera en fait de tuberculose rien : les foyers tuberculeux seront déplacés purement et simplement et les tuberculeux iront mourir et semer la mort dans d'autres lieux au-deça et au-delà des fortifications.

Voyez, en effet, comment les choses se passent à Paris. Un îlot insalubre, c'est-à-dire un îlot pauvre, un îlot ouvrier faisant tache dans un quartier bourgeoisement habité, est exproprié : les maisons vieilles, lépreuses, infectées et infectes, où généralement on « respire la mort » (J. Simon) sont démolies. A leur place, la spéculation qui s'est emparée du terrain fait édifier de belles maisons, naturellement inabordables aux anciens locataires, locataires expulsés. Le quartier, à la plus grande joie des habitants, non déplacés, est assaini et embelli. Et personne, la municipalité en tête, ne se préoccupe du sort de ces malheureux expropriés, qui naguère mal logés, maintenant pas logés du tout, iront se nicher là où l'on voudra bien d'eux, de leur pauvreté, de leur misère et de leurs familles souvent nombreuses : soit dans des terrains vagues des quartiers excentriques où, au prix de rançons usurières (1), on leur permettra d'élever des huttes de boue et de

fumier, (c'est là l'origine par exemple de la cité des Kroumirs et de la Fosse aux Lions aujourd'hui disparues, mais remplacées par la cité Dorée et autres « égouts à ciel ouvert ») ; soit dans d'autres maisons et garnis non moins insalubres que ceux d'où ils ont été expulsés, dont l'insalubrité ne manquera pas de s'accroître en raison de l'encombrement plus intensif ; soit enfin dans la banlieue parisienne, loin de leur gagne-pain, où la vie coûte bien plus cher et où ils retrouvent la même exploitation éhontée dictée par le même mépris de la vie humaine, les mêmes habitations sales et délabrées, les mêmes immondices, le même manque d'air et de lumière, les mêmes abjections, en un mot ce même milieu où, disait M. le D^r Du Mesnil, « pour ne pas contracter la haine de la société qui le tolère, ce n'est pas la vertu, c'est l'héroïsme qu'il faut posséder (1). »

C'est de cette façon que jusqu'ici les autorités municipales et administratives de Paris ont compris et accompli l'œuvre d'assainissement ; c'est ainsi que Paris s'assainit : un foyer insalubre, un nid à microbes disparaît ; et aussitôt d'autres sont créés, disséminés dans les quatre points cardinaux — soit à Paris même, soit dans la banlieue, — qui, avantageusement, remplacent celui qui a été supprimé. *Uno avulso non deficit alter.*

Les choses se passent d'une façon toute différente dans une autre capitale européenne, à Londres, notamment. Ici, la démolition des maisons et îlots insalubres n'a pas pour but, sous prétexte d'assainissement, de débarrasser un quartier à embellir, de la population ouvrière. Son objet essentiel est de protéger les habitants même de ces maisons et îlots insalubres — ainsi d'ailleurs que leurs voisins — contre les pestilences qui y règnent. Une loi anglaise, en effet — *the Housing of the Working classes*, Act, 1890, — impose aux municipalités elles-mêmes le soin de procurer, en cas d'expropriation, des locaux salubres à la moitié au moins des locataires expropriés. Une autre loi — *Artisans and Labourers Dwelings improvement act* — incite ces mêmes municipalités à acquérir pour leur propre compte, au lieu de les abandonner à la spéculation, les maisons décrétées insalubres par les autorités sanitaires *indépendantes desdites municipalités* et à construire à leur place des habitations ouvrières saines et salubres. Les municipalités sont autorisées « à construire des maisons propres à recevoir des ménages ouvriers, à transformer à cet effet les maisons existantes ; à modifier, élargir, réparer et améliorer les mêmes locaux ainsi que les disposer, meubler, garnir de tout mobilier, d'accessoires et de com-

---

(1) Le Dr Chevalier (voir Brouardel, lu *op. cit.*) cite un terrain de 5 hectares ayant appartenu à l'Assistance publique de Paris loué au prix de 5.000 francs et sous-loué par tranches à des misérables qui y ont édifié des bicoques. Ce terrain rappor-

tait au locataire principal le joli revenu brut de 22 600 francs soit un placement de 450 0/0.

(1) D^r Du Mesnil *Habitations du pauvre.* Paris, 1890.

modités désirables » (*Housing of the Working Classes, Act*, 1890, art. 59) (1).

La municipalité de la ville de Londres s'est engagée résolument dans la voie que lui a tracée le législateur anglais. Pour s'acquitter de cette tâche elle a dépensé et continue à dépenser des sommes considérables. C'est ainsi pas exemple qu'un *municipal building* construit en 1898 dans le district Bethnal à la place d'un îlot insalubre et *livré aux 6.000 anciens locataires des groupes de maisons démolies*, est revenu à 10 millions de francs (2). Mais les millions ainsi déboursés, la ville les retrouve avec des intérêts convenables dans le loyer d'abord, dans la santé et la vie de ses habitants ensuite ; elle les retrouve encore et les retrouvera dans les économies importantes qu'elle réalise et réalisera ainsi dans les hôpitaux, hospices, asiles, prisons et autres lieux, où échouent généralement les victimes des logements insalubres et dans les bureaux de bienfaisance dont la clientèle principale est constituée par les malades et infirmes, les veuves et les orphelins (3).

L'assainissement tel qu'il est pratiqué à Londres est réel et efficace ; tel qu'on le pratique à Paris l'assainissement n'est qu'apparent, qu'illusoire.

En résumé les conditions démographiques de Paris sont aussi peu satisfaisantes que son état sanitaire est détestable. Paris, de même d'ailleurs que l'immense majorité de nos villes, contribue puissamment au depeuplement de la France : par le taux bas de sa natalité, mais encore et surtout par sa haute mortalité, de beaucoup plus haute que ne l'indiquent ses statistiques.

Nous avons vu plus haut comment et à l'aide de quel procédé de comptabilité la ville de Paris arrive à décharger son budget mortuaire annuel de plusieurs milliers de décès.

En présence de l'optimisme général né de ce système d'évaluation, nous croyons accomplir œuvre utile, en faisant connaître la vérité, aussi triste et humiliante qu'elle soit pour la Ville Lumière et pour la France elle-même.

---

(1) M. Cheysson. *Habitations ouvrières*, in *Revue d'Hygiène*, 1872, p. 290.

(2) Cette cité, d'une superficie totale de près de 7 hectares, est formée de 11 blocs de maisons, a la forme d'une ellipse et est entourée d'un boulevard circulaire planté d'arbres. Sept rues y sont percées qui aboutissent à un rond point central, où a été créé un jardin avec une monumentale fontaine, a eau potable. L'eau, le gaz et même l'électricité sont distribués à tous les étages. Une école primaire y est installée ainsi qu'une église.

(3) Voici la marche de la mortalité-phtiie à Londres.

1870-80...................	2,51 0/00
1881-90...................	2,09 —
1891-1900..............	1,84 —
1901...................	1,71 —

(Voir *Tenth annual Report of Administrative county of London*, année 1901, p. 46.)

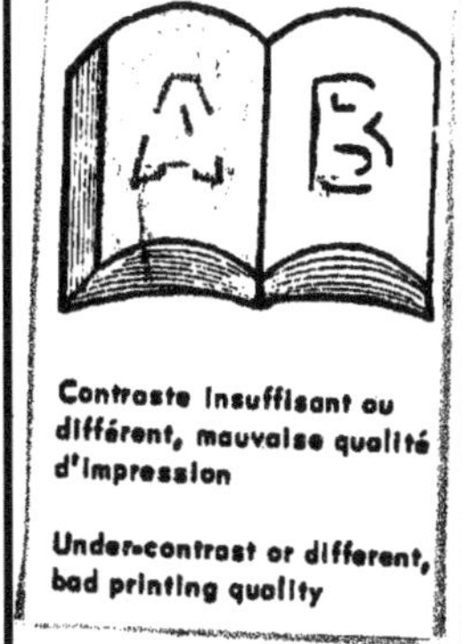

Contraste insuffisant ou différent, mauvaise qualité d'impression

Under-contrast or different, bad printing quality